서양식
밥요리

수작걸다

프롤로그

리조또부터 빠에야, 잠발라야…
서양식 밥요리, 집에서 쉽게 즐기세요!

서양요리라고 하면 많이들 어렵고 손이 많이 가는 요리를 떠올립니다. 만들기도 어려운데 맛도 입에 맞지 않을 거라는 선입견이 있죠. 하지만 대부분 일품요리 중심이다 보니 쌀로 밥을 짓고 반찬과 국을 곁들이는 백반 형태의 한식과 비교해 조리시간이 훨씬 짧답니다.

저 역시 바쁘게 일을 하다보면 밥 한끼를 제대로 먹기 힘들 때가 참 많습니다. 한국사람은 밥심으로 산다고 하는데 그 밥 한끼도 대충 때우고, 몇 가지 반찬을 만들어내는 일은 엄두조차 못 내기 일쑤죠. 그때마다 언제나 맛있는 한끼의 밥을 먹고 싶다고 생각합니다. 〈서양식 밥요리〉라는 컨셉의 책을 출판사로부터 제안받았을 때, 제일 먼저 떠올랐던 것도 유학시절과 여행지에서 경험했던 간단한 밥요리였습니다. 힘들 때마다, 쉼이 필요할 때마다 제게 힘이 되어준 그때 그 시절의 밥요리처럼 이국적인 음식들을 쉽고, 간단하고, 맛있게 만들어보면 어떨까 생각했죠. 그렇게 적어 내려간 레시피를 한 권의 책으로 묶었습니다.

서양식 밥요리라고 해서 리조또, 빠에야만 떠올리면 곤란합니다. 미국으로 건너간 잠발라야, 그라탕의 일본식 버전인 도리아, 아시안 소스로 재해석한 서양 스타일의 볶음밥과 덮밥까지… 밥을 주제로 동서양의 다양한 요리를 담았습니다. 책 속 밥요리는 토마토소스, 버터&치즈, 크림&오일, 아시안 소스, 커리 총 5가지 베이스로 나뉘며, 기본 조리법만 익힌다면 누구나 쉽게 응용 가능합니다.

코팅팬, 구리팬, 무쇠팬… 무엇이든 좋습니다. 손에 익은 팬을 잡고 냉장고 속 재료를 체크해 오늘의 베이스를 선택하세요. 소금, 후추, 설탕, 올리브유 등의 기본 조미료까지 준비를 마쳤다면 이제 간단하지만 맛있는 근사한 서양식 한그릇 밥요리를 만들어볼 시간입니다.

CONTENTS

프롤로그   002

Q&A : 서양식 밥요리 무엇이 다를까?   010
기본재료 익히기 : 쌀 | 와인 | 치즈 | 버터 | 올리브유   012
기본재료 만들기 : 조개육수 | 닭육수 | 채수 | 토마토소스 | 리조또용 볶음쌀   016
실전! 기본 리조또 만들기   028

● 〈서양식 밥요리〉 보는 방법
- 모든 메뉴는 1인분 기준입니다.
- 장식용 허브는 취향에 따라 가감하세요.
- 리조또와 빠에야 메뉴는 국산 백미로 리조또용 볶음쌀을 미리 만들어 사용하였습니다. P026 참고.
- 레시피 재료 중 조개육수, 닭육수, 채수, 토마토소스, 리조또용 볶음쌀은 직접 만들어 사용합니다.

Base 1
Tomato Sauce

카차토레라이스	034
통오징어 토마토리조또	040
케이준 잠발라야	042
소고기굴라시라이스	044
마라소스 라이스	046
탄두리 토마토새우볶음밥	052
토마토달걀덮밥	054
해산물 칠리토마토덮밥	058
에그앤헬라이스	060
해산물 토마토리조또	062
미트소스 라이스	068
로제소스 관자리조또	070
부라타 뽀모도로 리조또	072

Base 2
Butter & Cheese

레몬치킨라이스	076
나폴리풍 해산물리조또	082
샤프론리조또	084
시리얼 버터새우라이스	086
바질페스토 리조또	088
미트소스 아란치니	094
오징어먹물리조또	096
살팀보카라이스	098
치미추리스테이크와 버터라이스	100
육회리조또	106
고르곤졸라리조또	108
트러플리조또	110

Base 3
Cream & Oil

치킨프리카세라이스	114
모둠조개빠에야	120
베샤멜소스 치킨도리아	122
페리페리 연어라이스	124
초리조 닭가슴살빠에야	128
버섯크림리조또	130
레몬리조또	132
라이스부리또	136
새우크림도리아	138
냉이페스토 빠에야	140
라이스엔칠리다	146
꽈리고추 문어빠에야	148

Base 4
Asian Sauce

시금치칠리라이스	160
타이비빔밥	166
중화풍 왕새우리조또	168
몽골리안 비프라이스	170
흑설탕 닭볶음덮밥	172
태국식 돼지고기덮밥	174
연어데리야끼덮밥	178
케이준 새우라이스	180
바질닭가슴살덮밥	182
꽃게두릅라이스	186
레몬생강 생선튀김라이스	188
마늘쫑 돼지고기덮밥	190
오이라이스	196
비프숙주라이스	198

Base 5
Curry Sauce

게맛살푸팟퐁커리	202
베트남 우삼겹커리	206
탄두리 치킨라이스	208
코코넛해산물커리	210
닭꼬치 BBQ라이스	214
소고기레드커리	216
시금치커리라이스	218

SIDE DISH 01 : 절임 4종   150
발사믹 방울토마토
오이피클
중화풍 오이절임
할라피뇨절임

SIDE DISH 02 : 샐러드 4종   154
아스파라거스쏨땀
코울슬로
얌운센
오징어루꼴라샐러드

책 속 서양식 식재료 찾기

레시피에 자주 등장하는 서양식 식재료는
아래 제품들을 사용하였습니다.

버터 : 앵커 무염버터
올리브유 : 오뚜기 프레스코 압착 올리브유
엑스트라버진 올리브유 : 이리아다 깔라마타
트러플오일 : 펀고&타르투포 블랙 트러플오일
그라노파다노치즈 : 아그리폼
고르곤졸라치즈 : 이고르
파마산치즈 : 아담스 프리미엄 파마산치즈
부라타치즈 : 소렌티나
화이트와인 : 케레스 빈야드
레드와인 : 케레스 빈야드
코코넛밀크 : 몬 코코넛밀크
생크림 / 사워크림 : 매일유업
오징어 먹물 : 리우니오네
커리가루 : 오뚜기 순한맛
칠리소스 : 후이펑 스리라차
피시소스 : 스퀴드 브랜드
굴소스 : 이금기
탄두리페이스트 : 수하나

Q&A
서양식 — 밥요리 무엇이 다를까?

Q 서양과 동양, 밥요리의 차이는 뭘까요?

지역별로 재배된 쌀의 크기와 전분기, 형태가 다르기에 조리법도 다르죠. 우리나라를 비롯한 중국, 일본 등의 동양에서는 쌀에 물만 부어 그대로 밥을 짓고 반찬과 국을 곁들이는 반면, 서양에서는 쌀을 볶거나 육수로 익혀 향신료 또는 고기와 함께 졸이고 마지막에 버터와 치즈로 쌀에 맛과 향을 입힙니다. 가장 큰 차이입니다.

Q 서양식 밥요리를 맛있게 하는 비결이 있다면?

집에서 밥을 짓다가 물의 양을 너무 많게 혹은 너무 적게 잡아 밥짓기에 실패한 경험, 다들 한 번쯤 있죠. 서양의 밥요리도 몇 가지 포인트만 지킨다면 맛있는 요리를 맛볼 수 있습니다. 국산 쌀로 리조또용 볶음쌀을 만들 때는 미리 전분을 제거하고, 조리과정 말미에 버터와 치즈를 넣어 부드럽고 촉촉함을 더하세요. 밥을 볶을 때는 약간 꼬들한 밥을 센불에서 한알한알 주걱으로 풀어주듯 볶는 것이 식감을 살리는 비결이죠. 사소해 보일 수 있지만 여러 번 연습해 손에 익으면 어렵지 않게 맛있는 밥을 만들어낼 수 있습니다.

Q 국내산 쌀로 서양식 밥요리를 할 때 주의점은 무엇일까요?

    서양과 동양에서 쌀은 중요한 식재료입니다. 동양은 찰진 단립종 쌀이, 유럽은 포슬포슬한 장립종 쌀이 자라죠. 우리나라 쌀은 전분기가 많아서 볶거나 요리할 때 전분기를 빼지 않으면 질퍽한 요리가 되기 쉽상입니다. 리조또를 만든다면 쌀을 물에 반나절 정도 담가 쌀의 전분기를 제거하고 만드세요. 볶음밥을 할 때는 평소 물의 양을 평소보다 적게 잡아 고슬고슬한 밥을 만드는 게 포인트입니다.

Q 서양식 밥요리에서 꼭 필요한 식재료 5가지를 꼽는다면?

    허브, 올리브유, 치즈, 버터, 향신료를 꼽을 수 있습니다. 이중 가장 중요한 재료는 단연 재료를 볶거나 튀기는 등 조리과정의 초반에 사용하는 올리브유죠. 버터는 요리의 질감을 더욱 부드럽게 해주고 풍미를 올려주고, 치즈는 음식의 감칠맛을 높여줍니다. 허브는 재료가 지닌 기본적인 맛에 다채로운 향을 입혀줘요. 그리고 끝으로 향신료가 이국적인 맛을 내는 치트키입니다.

기본재료 익히기 —————— 쌀

전인류의 34%가 주식으로 쌀을 먹습니다. 그만큼 쌀은 삶에 있어 중요한 식재료 중에 한 가지죠. 쌀은 크게 재배지역에 따라 자포니카 품종과 인디카 품종, 쌀알 길이에 따라 단립종/중립종/장립종으로 나뉩니다.

자포니카 품종

우리나라, 일본, 중국에서 주로 재배되는 쌀입니다. 스페인과 이탈리아, 미국 캘리포니아, 호주 남동부 등지에서도 재배되는데 세계 쌀 생산량의 10%에 해당되지요. 쌀알 모양이 둥글고 굵은 단립종이나 중립종인 형태로 찰기가 많아 쌀밥 자체를 즐기는 식사문화와 잘 맞습니다.
대표적으로 일본의 고시히카리, 히토메보레가 있으며 리조또용으로 각광받는 이탈리아의 아르보리오와 카르나롤리, 빠에야에 적합한 스페인의 봄바나 미국 캘리포니아의 칼로스 등도 자포니카 품종에 해당됩니다. 이중 카르나롤리는 버터와 치즈의 진한 맛을 더욱 증폭시켜 리조또에 최적화된 쌀로 평가받고 있지요. 국내 쌀로는 신동진, 강원 오대쌀, 삼광, 추청 등이 있으며, 신동진 쌀은 쌀알 자체의 크기가 1.3배 정도 커서 씹는 맛이 좋아 리조또 같은 서양 밥요리에 잘 어울린다고 평가받고 있습니다.

인디카 품종

열대나 아열대에서 재배되는 쌀로 동남아, 유럽 등지에서 즐겨 먹고 있습니다. 인도, 파키스탄, 태국, 캄보디아, 베트남, 중국 남부, 미국 남부 등이 주생산지로 세계 쌀 생산량의 90%를 차지하고 있죠. 쌀알의 모양이 길쭉하고 열대나 아열대에서 재배되는 쌀로, 찰기가 없고 부스러지기 쉬워 볶거나 소스에 비벼 내는 접시 요리에 어울립니다. 대표적으로 캄보디아의 재스민, 인도/파키스탄의 바스마티, 태국의 홈 말리, 북미의 와일드라이스 등이 있습니다. 국내에서는 '안남미'라 불리며 맛없는 쌀로 인식되어 있지만 실제 세계 쌀대회에서 1, 2위에 오르는 쌀이 모두 인디카 품종에 속합니다. 자포니카 품종에 비해 칼로리가 낮은 것도 특징입니다. 레드카고, 적미, 와일드라이스는 모두 컬러 쌀입니다.

기본재료 익히기
와인&치즈&버터&올리브유

서양식 밥요리에 빠지지 않고 등장하는 재료를 알아보는 시간입니다. 와인, 치즈, 버터, 올리브유를 꼽을 수 있죠. 그 종류도 다양해 원하는 풍미에 따라 알맞은 타입의 제품을 사용하는 게 중요합니다.

WINE

요리의 풍미를 더욱 올려줍니다. 해산물이나 육류요리에 와인을 넣으면 잡내는 알코올과 함께 날아가버리고 기분 좋은 향만 남게 되죠. 해산물 요리나 채소요리에는 화이트와인, 육류요리나 진한 소스 요리에는 레드와인을 사용합니다. 평소 제가 조리에 사용하는 화이트와인은 과일향의 샤도네이나 허브향의 쇼비뇽 블랑, 레드와인은 베리향의 까베르네 쇼비뇽과 감초와 오크향의 시라 등을 즐겨 씁니다. 사실 어떤 와인을 사용해도 무방합니다. 다만 같은 품종이라도 와인의 캐릭터가 모두 다르니 구하기 쉬운 와인을 골라 본인만의 요리를 만들어보세요.

BUTTER

버터는 크게 소금 간의 유무에 따라 무염버터와 가염버터로 나뉩니다. 최근에는 버터를 높은 온도로 끓여 지방만 분리한 기버터, 살균 공정을 생략해 미생물이 살아있는 발효버터 등도 인기를 모으고 있죠. 브랜드별로 가격도, 맛도 차이가 있기에 취향에 맞는 버터를 사용합니다. 버터는 32~35℃에 녹기 시작하므로 사용 후에는 반드시 냉장보관합니다.

CHEESE 유럽인에게 치즈는 식전, 식사 중, 식후 언제나 식탁에 있는 재료죠. 고르곤졸라, 부라타, 페타 등 다양한 치즈가 인기를 모으지만, 그중 요리에 가장 광범위하게 사용되는 치즈는 단연 그라노파다노입니다. 이탈리아 에밀리아 로마냐 지역에서 만든 치즈로 오랜 숙성을 통해 만들어지죠. 원통형 모양의 치즈로 가운데로 갈수록 작은 알갱이들이 씹혀 고소한 맛을 냅니다. 그 다음이 파스타, 피자, 그라탕 등에 쓰이는 모짜렐라치즈입니다. 흔히 알고 있는 피자치즈 역시 모짜렐라치즈의 변형입니다.

OLIVE OIL 올리브를 압착해 얻은 기름입니다. 재료의 맛을 더욱 맛있게 끌어올리는 역할을 하죠. 압착 정도에 따라 생식이 가능한 엑스트라버진과 발연점이 높은 퓨어 올리브유 또는 포머스 올리브유로 나뉩니다. 같은 올리브유라도 지역과 나라에 따라 향과 맛, 가격이 천차만별이니 다양한 요리에 사용해보면서 어울리는 올리브유를 찾아보세요.

조개육수

보관방법 냉장/냉동

보관기간 냉장 3~4일/냉동 1개월

닭육수

보관방법 냉장/냉동

보관기간 냉장 3~4일/냉동 1개월

채수

보관방법 냉장/냉동

보관기간 냉장 3~4일/냉동 1개월

기본재료 만들기
히든 키 5가지

서양식 밥요리를 위한 밑작업! 그 시작은 육수내기입니다. 조개육수, 닭육수, 채수에 이어 책속 기본 베이스로 쓰인 토마토소스 만들기도 소개합니다. 그리고 하이라이트! 밥에 향과 풍미를 입히는 리조또용 볶음쌀을 우리집 쌀통의 쌀로 직접 만들어봅니다. 맛있는 서양식 밥요리를 만드는 비결입니다.

토마토소스

보관방법 냉장
보관기간 냉장 3~4일

리조또용 볶음쌀

보관방법 냉장
보관기간 냉장 5~6일

조개육수

조개의 감칠맛이 살아있는 육수로, 해산물이 베이스인 요리에 널리 사용됩니다. 세 종류의 조개가 들어가 맛도 풍부하죠. 한 가지 종류의 조개로도 만들 수 있으니 냉장고에 있는 조개를 골라 맛있는 육수를 만들어봐요.

Ingredient

- 바지락 1kg
- 모시조개 500g
- 홍합 500g
- 양파 1/2개
- 당근 1/4개
- 셀러리 1줄기
- 마늘 5쪽
- 올리브유 5큰술
- 물 2L

recipe

1. 바지락과 모시조개는 굵은소금물에 담가 어두운 곳에서 1시간가량 해감한다. 홍합은 흐르는 물에 씻어 수염을 제거한다.
2. 양파와 당근, 셀러리는 모두 한입크기로 썬다. 마늘도 편썬다.
3. 냄비에 올리브유를 두르고 중불에서 준비한 채소를 모두 넣고 볶는다.
4. 채소에서 색이 나면 해감한 조개류를 넣는다.
5. 분량의 물을 붓고 중불로 한소끔 끓이다 조개 입이 완전히 벌어지면 체로 내용물을 거른 후 사용한다.

TIP 조개육수는 너무 오랜 시간 끓이면 짠맛이 강해질 수 있어요. 칼칼한 맛의 조개육수를 원하면 청양고추를 추가해요.

닭 육수

담백한 맛의 육수예요. 해산물을 제외한 어떤 요리와도 어울리며 채수보다 더 깊은 맛과 담백함을 느낄 수 있죠. 너무 센불로만 끓이면 육수가 탁해질 수 있으니 끓기 시작하면 중불로 줄여 맑은 육수를 만듭니다.

Ingredient

닭뼈 1.5kg
양파 1/2개
당근 1/4개
셀러리 1줄기
마늘 5쪽
월계수잎 1장
통후추 10알
올리브유 5큰술
물 2L

recipe

1. 닭뼈를 깨끗하게 세척해 220℃로 예열한 오븐에서 20분간 노릇하게 굽는다. 중간에 한 번 뒤집는다.
   TIP 닭뼈는 오븐에서 바싹 구운 뒤 끓이면 누린내도 사라지고 맛도 더 담백해져요.
2. 양파와 당근, 셀러리는 모두 한입크기로 썬다. 마늘도 편썬다.
3. 냄비에 올리브유를 두르고 중불에서 준비한 채소를 모두 넣고 볶는다.
4. 채소에서 색이 나기 시작하면 오븐에 구운 닭뼈와 월계수잎, 통후추, 분량을 물을 넣고 중불로 한소끔 끓인다.
5. 물이 끓기 시작하면 중불 그대로 1시간 더 끓인 후 체로 내용물을 거른 후 사용한다.

3 채수

개운한 맛의 육수입니다. 기본 중의 기본인 육수로, 모든 요리에 사용되며 음식의 깔끔한 맛을 살려주죠. 어떤 요리에 넣어도 맛이 배가됩니다. 그동안 버려졌던 파뿌리 버섯줄기 등도 넣고 끓여도 좋습니다.

Ingredient

양파 1개
토마토 1개
당근 1/2개
애호박 1/2개
표고버섯 2개
셀러리 2줄기
마늘 5쪽
올리브유 5큰술
물 2.5L

recipe

1. 당근과 애호박은 슬라이스하고, 토마토도 두껍게 슬라이스한다. 남은 채소는 한입크기로 썰고 마늘은 편썬다.

2. 냄비에 올리브유를 두르고 손질한 채소와 토마토를 모두 넣고 중불에서 볶는다.
   TIP 채소를 기름에 볶아 물과 함께 끓여내면 재료의 맛이 더욱 깊게 우러납니다.

3. 분량의 물을 붓고 중불로 1시간가량 끓이다가 물의 양이 절반이 되면 불을 끈다.

4. 체로 내용물을 거른 후 사용한다.

토마토소스

이탈리아 요리를 너머 다양한 식재료와의 응용이 가능한 소스입니다. 토마토는 산미가 있는 재료로, 낮은 온도로 살짝 끓여내면 신맛이 어느 정도 잡히면서 더 맛있는 토마토소스를 만들 수 있죠. 책속 베이스로 사용한 토마토소스의 레시피를 소개합니다.

Ingredient
- 토마토홀 1캔(2.5kg)
- 양파 1개
- 마늘 5쪽
- 월계수잎 2장
- 올리브유 5큰술
- 설탕 2큰술
- 소금 2작은술

recipe
1. 토마토홀은 블렌더로 곱게 간다.
2. 양파는 한입크기로 썰고, 마늘은 얇게 편썬다.
3. 냄비에 올리브유를 두르고 양파와 마늘을 넣고 중불에서 노릇하게 볶는다.
4. 양파와 마늘향이 나면 갈아둔 토마토홀과 월계수잎, 설탕, 소금을 넣고 센불로 끓인다.
5. 끓기 시작하면 불을 최대한 줄여 10분간 더 끓여 완성한다.

리조또용 볶음쌀

서양식 밥요리의 대표주자는 역시 리조또죠. 리조또 조리과정의 절반 가까이가 쌀 볶기이기에, 미리 리조또용 볶음쌀을 만들어두면 언제고 빠르게 원하는 리조또를 맛볼 수 있답니다. 밥과는 다른 쫀득한 느낌을 내는 게 중요하죠. 국산 쌀은 전분기부터 빼고 사용해야 질퍽해지지 않아요.

Ingredient

쌀 1/2컵(100g)
양파 1/4개
올리브유 3큰술
화이트와인 50ml
물 200ml

recipe

1 쌀은 깨끗하게 씻어 반나절가량 물에 담가 전분기를 빼준 후 물기를 제거한다.

2 양파를 곱게 다져 올리브유를 두른 팬에서 중불로 양파가 노릇해지게 볶는다.

3 물기를 뺀 쌀을 넣고 중불에서 수분이 다 날아갈때까지 볶는다.

4 화이트와인을 넣고 알코올이 잘 날아가도록 약불로 볶는다.

5 와인이 모두 증발하면 물을 여러 번 나누어 넣어가며 쌀을 익힌다. 물기가 없이 쌀이 쫀득하게 볶인 상태가 되면 불을 끈다.

TIP 완성한 리조또용 볶음쌀은 1인분씩(150g) 지퍼백이나 용기에 담아 냉장보관해 사용합니다.

BASIC RISOTTO

실전! 기본 리조또 만들기

밑작업이 모두 끝났다면 이제 실전으로 들어갑니다. 기본 리조또를 함께 만들어봐요. 오직 버터와 치즈만 추가해 만드는 기본 메뉴입니다. 재료는 심플하지만 맛은 훌륭하죠. 버터와 치즈가 완전히 녹은 후 30초 정도 팬에 두었다가 접시로 옮기면 풍미가 더 살아납니다.

Ingredient 리조또용 볶음쌀 150g ● P026 참고, 채수 200ml ● P022 참고, 양파 1/6개,
다진 마늘 1/2큰술, 버터 1큰술, 그라노파다노치즈 30g, 올리브유 2큰술, 소금과 후춧가루 적당량씩

recipe
1 양파는 곱게 다지고, 그라노파다노치즈도 곱게 간다.
2 팬에 올리브유를 두르고 양파와 다진 마늘을 넣어 중불에서 볶는다.
3 마늘향이 나면 채수와 리조또용 볶음쌀을 넣고 중불에서 익힌다. 채수는 한 번에 다 넣지 말고 중간중간 첨가해 저어가며 쌀을 익힌다.
4 쌀이 촉촉한 상태가 되면 약불로 줄이고 기호에 따라 소금과 후춧가루로 간한다.
5 불을 끄고 버터와 그라노파다노치즈를 넣고 골고루 섞어 완성한다.
    TIP 치즈와 버터를 넣을 때 밥이 너무 되직하거나 수분기가 많으면 실패할 수 있어요. 촉촉한 상태인지 확인 후 넣어요.

TOMATO

대표적인 서양요리 소스로 손꼽히는 재료입니다. 이탈리아 나폴리 지역에서 피자와 파스타에 토마토소스를 조합하면서 인기를 모으기 시작해 전 세계 다양한 요리에서 활용되고 있죠. 파스타뿐만 아니라 고기, 해산물, 채소요리 등에도 잘 어울리는 소스입니다.

보통 양파와 대파, 마늘 등의 향신채를 볶다가 토마토를 넣고 볶아 끓여내는데, 요즘은 잘 익은 토마토로 만든 주스, 홀, 퓨레 등의 통조림으로 좀 더 쉽게 소스를 만들 수 있죠. 하지만 직접 만든 신선한 토마토소스의 풍미를 따라올 수 없기에 책의 앞쪽에 토마토소스 만드는 방법을 자세히 소개했습니다. 토마토소스로 다양한 서양식 밥요리를 즐겨보세요.

SAUCE BASE

카차토레라이스
Cacciatore Rice

이탈리아어로 사냥꾼Cacciatora이라는 뜻을 지닌 요리입니다. 이름처럼 조리법도 간단하죠. 보통 닭다리살을 구워 토마토소스 베이스에 졸이는데, 통닭을 오븐에서 구워 소스와 함께 끓여내는 방법도 있습니다. 한냄비 끓여 밥과 빵, 또는 쇼트 파스타에 곁들여보세요. 친구들과 함께 와인에 곁들이면 근사한 저녁이 완성될 거예요.

Ingredient

rice	밥 1공기
sauce base	토마토소스 200ml • P024 참고
	닭육수 100ml • P020 참고
	엑스트라버진 올리브유 2작은술
basic	닭다리살 1개(120g)
	새송이버섯 1개
	양파 1/4개
	마늘 5쪽
	올리브 5알
	페페론치노 2개
	올리브유 4큰술
	그라노파다노치즈 약간

1 새송이버섯과 양파는 한입크기로 썬다.
2 팬에 올리브유 2큰술을 두르고 닭다리살을 올려 중불에서 앞뒷면 노릇하게 굽는다.

TIP 닭다리살은 노릇하게 굽지 않으면 비릿할 수 있으니 충분히 구워주세요.

3 다른 팬에 올리브유 2큰술을 둘러 통마늘을 볶아 향을 내고, 한입크기로 준비한 새송이버섯과 양파, 올리브, 페퍼론치노를 모두 넣고 약불로 한 번 더 볶는다.

4 채소를 볶은 팬에 구운 닭다리살을 넣고 준비한 토마토소스와 닭육수를 붓고 닭다리살에 소스가 배도록 중불에서 3분간 끓인다.

5 불을 끄고 엑스트라버진 올리브유를 섞고 밥과 곁들인 후 그라노파다노치즈를 갈아 뿌린다.

'이태리식 닭볶음탕'으로도 불리는
카차토레는 마늘을 볶아 향을 낸 후 올리브, 페퍼
론치노를 채소와 함께 볶아 풍미를 높여줍니다.
그린올리브를 넣으면 더 상큼하고 신선한 느낌을
낼 수 있어요.

통오징어 토마토리조또
Calamari Tomato Risotto

통오징어의 속을 채워 만드는 이탈리식 오징어순대인 '깔라마리 피리에니'를 응용한 리조또입니다. 서양식 오징어순대에 각종 해산물을 다져 넣고 특별한 요리를 만들어요.

Ingredient

rice
리조또용 볶음쌀 150g • P026 참고

sauce base
토마토소스 200ml • P024 참고
조개육수 100ml • P018 참고
버터 1큰술
곱게 간 그라노파다노치즈 30g

basic
오징어 1마리
오징어 소스 간장 2큰술
　　　　　　 맛술 1큰술
　　　　　　 설탕 1큰술
　　　　　　 다진 마늘 1큰술
다진 양파 3큰술
다진 마늘 1큰술
바질잎 3장
올리브유 3큰술
화이트와인 30ml
새싹채소 1줌

recipe

1. 오징어는 몸통과 다리를 분리한 뒤, 몸통 껍질은 제거하고 다리는 곱게 다진다.

2. 간장과 맛술, 설탕, 다진 마늘 1큰술을 섞어 오징어 소스를 만든다.

3. 올리브유를 두른 팬에 다진 양파와 다진 마늘, 다진 오징어 다리, 바질잎을 넣고 센불로 볶은 후 약불로 줄여 화이트와인을 넣어 향을 더한다.

4. 토마토소스와 조개육수를 붓고 끓기 시작하면 리조또용 볶음쌀을 넣어 끓인다. 조개육수는 한 번에 다 넣지 말고 중간중간 첨가해 저어가며 쌀이 소스로 촉촉해질 때까지 익힌다.

5. 불을 끄고 버터와 그라노파다노치즈를 섞은 후 준비한 오징어 몸통에 넣고 이쑤시개로 고정한다.
   TIP 리조또는 오징어의 3/4만 채워야 오징어가 익었을 때 밖으로 흘러내리지 않아요.

6. 오징어 몸통 겉면에 오징어 소스를 발라 200℃로 예열한 오븐에서 15분간 굽는다. 이때 5분마다 한 번씩 꺼내어 소스를 덧발라가며 구워 완성한다.

7. 접시에 새싹채소를 깔고 리조또를 올린다.

케이준 잠발라야
Cajun Jambalaya

잠발라야는 고기, 채소, 해산물 등의 재료에 쌀과 향신료, 육수를 넣어 만드는 미국 남부지역의 요리입니다. 우리의 볶음밥과 비슷한데, 강제 이주한 프랑스인 이민자들의 요리라 하여 '케이준'으로 불렸다고 해요. 매콤한 맛을 내고 싶다면 약간의 고춧가루를 더하세요.

Ingredient

rice
안남미 100g

sauce base
케이준 스파이스 1큰술
토마토소스 150ml • P024 참고
닭육수 300ml • P020 참고

basic
닭다리살 1/2개(60g)
프랑크소시지 1개
새우 5마리
피망 1/4개
양파 1/4개
셀러리 1/2줄기
콘옥수수 1큰술
버터 1큰술
올리브유 3큰술
이태리파슬리 2줄기

recipe

1 닭다리살은 얇고 길게 썰고, 소시지는 슬라이스한다. 피망과 양파, 셀러리는 곱게 다진다. 새우는 몸통 껍질만 벗긴다.

2 팬에 버터와 올리브유를 두르고 닭다리살과 소시지를 중불에서 노릇하게 볶는다.

3 색이 나면 준비한 채소와 콘옥수수를 모두 넣고 색이 나게 볶고 케이준 스파이스와 섞는다.

4 토마토소스와 닭육수, 가볍게 씻은 안남미를 넣어 중불에서 저어가며 끓인다. 끓기 시작하면 약불로 줄여 뚜껑을 덮는다.
   TIP 끓어오르기 전까지 바닥에 눌러붙지 않도록 잘 저어주세요.

5 소스의 수분이 사라지면 새우와 파슬리를 위에 올려 다시 뚜껑을 덮고 7분간 뜸들여 완성한다.

소고기굴라시라이스
Beef Goulash Rice

굴라시Goulash는 헝가리와 체코 등에서 소고기와 채소로 만들어 먹는 전통 스튜예요. 동유럽 여행길에서 한 번쯤 들어보게 되는 단어죠. 마음까지 따뜻해지는 굴라시를 밥과 함께 즐겨볼까요?

Ingredient

rice
밥 1공기

sauce base
토마토소스 200ml ● P024 참고
닭육수 100ml ● P020 참고
설탕 1/2큰술
레드와인 50ml

basic
소고기 안심 150g
양파 1/4개
감자 1/2개
당근 1/4개
새송이버섯 1개
아스파라거스 1줄기
마늘 5쪽
올리브유 3큰술
곱게 간 그라노파다노치즈 30g

recipe

1. 소고기 안심은 한입크기로 썰고, 마늘을 제외한 모든 채소도 같은 크기로 썬다.
2. 끓는 물에 감자와 당근을 넣고 5분간 익힌다.
3. 팬에 올리브유를 두르고 마늘을 으깨어 약불로 볶다가 향이 나면 안심을 넣고 센불로 굽는다.
4. 안심이 노릇해지면 삶은 감자와 당근, 썰어둔 채소를 모두 넣어 중불에서 숨이 죽을 때까지 볶는다.
5. 레드와인을 넣고 향을 낸 후 토마토소스와 닭육수, 설탕을 넣어 중불에서 5분간 끓인다.
   TIP 와인은 요리에 넣자마자 살짝 끓여 알코올을 날려줘야 와인의 강한 향이 사라져 음식 맛을 해치지 않아요.
6. 소고기굴라시를 밥과 곁들여 그라노파다노치즈를 뿌린 후 취향에 따라 약간의 허브를 추가한다.

마라소스 라이스
Spicy Hot Sauce Rice

매운 음식 열풍의 중심에 있는 마라. 혀가 마비될 만큼의 매운맛을 뜻하는 마라麻辣는 기온차가 크고 습기가 높은 중국 사천지방에서 음식의 부패를 막고자 사용하던 향신료입니다. 육두구, 화자오, 후추, 정향, 팔각 등이 들어가 얼얼하면서도 독특한 매운맛을 내죠. 색다른 향과 풍미에 사로잡힐 거예요.

Ingredient

rice	밥 1공기
sauce base	토마토소스 200ml ● P024 참고
	채수 100ml ● P022 참고
	라오간마 1큰술
	화조유 1/2큰술
	설탕 1/2큰술
basic	다진 소고기 100g
	양파 1/5개
	당근 1/7개
	새송이버섯 1/3개
	셀러리 1줄기
	마늘 5쪽
	올리브유 4큰술
	레드와인 50ml

1 양파와 당근, 새송이버섯, 셀러리는 곱게 다진다.
2 통마늘은 손바닥이나 칼등을 이용해 으깨어 올리브유 2큰술을 두른 팬에서 약불로 볶는다.

3 다진 소고기를 넣고 센불에서 볶다가 고기가 익으면 레드와인을 넣어 향을 더한다.
4 다른 팬에 올리브유 2큰술을 두르고 곱게 다져둔 채소를 모두 넣어 중불로 볶는다.

5 채소의 숨이 죽으면 미리 볶아둔 고기에 넣고 섞는다.
6 준비한 토마토소스와 채수, 설탕을 더해 약불에서 10분가량 끓인다.

7 한소끔 끓으면 라오간마와 화조유를 넣어 풍미를 더한다.
8 접시에 소스를 담고 밥과 곁들인다.

TIP 라오간마는 병 안에 들어 있는 기름을 따라내고 건더기만 사용해요.

마라 특유의 화한 느낌은 중국식
양념장 중 하나인 라오간마 건더기와
화조유를 섞어서 내요.

탄두리 토마토새우볶음밥
Tandoori Tomato Shrimp Fried Rice

인도의 대표적인 탄두리소스에 토마토소스를 섞은 이국적인 소스에 밥을 볶았습니다. 인도요리에서 빠지지 않는 매콤한 향신료인 가람마살라로 맛을 냈죠. 가람마살라는 탄두리페이스트 1큰술로 대체 가능합니다.

Ingredient

rice
밥 1공기

sauce base
토마토소스 200ml ● P024 참고
채수 100ml ● P022 참고
가람마살라 1/2큰술
커리가루 1큰술

basic
대하 4마리
청고추 1개
실파 2개
페페론치노 2개
다진 마늘 1/2큰술
고춧가루 1큰술
올리브유 3큰술

recipe

1 대하는 머리와 꼬리는 두고 몸통만 껍질을 벗긴다.
   TIP 대하 껍질은 앞쪽 작은 다리를 다 떼어낸 후 손톱을 이용하면 쉽게 벗겨낼 수 있어요.

2 청고추는 아주 얇게 썰고, 실파도 잘게 송송 썬다.

3 팬에 올리브유를 두르고 페페론치노, 다진 마늘, 고춧가루를 넣어 약불로 볶아 향을 낸다.

4 토마토소스와 채수, 가람마살라, 커리가루, 대하를 넣고 중불에서 가루가 뭉치지 않도록 중간중간 저어가며 끓인다.

5 소스가 되직해지면 밥, 청고추, 실파를 넣고 중불에서 소스와 밥이 잘 섞이도록 볶는다.
   TIP 이때 대하는 빼두었다가 소스에 밥을 볶은 뒤 마지막에 볶음밥 위에 올리면 비주얼도 훌륭해요.

토마토달걀덮밥
Tomato and Egg Rice

책에서 소개한 메뉴 중 레시피가 가장 간단한 요리입니다. 바쁜 아침, 저의 허기를 종종 채워주는 맛있는 한끼죠. 오믈렛이나 달걀프라이보다 만들기 쉽고 영양가도 높아요. 일하느라, 공부하느라 바쁜 분들을 위한 아침식사로 추천합니다. 밥 위에 올려 덮밥처럼 즐기거나 반찬으로 내도 좋아요.

Ingredient

rice	밥 1공기
sauce base	토마토소스 50ml ● P024 참고
	채수 50ml ● P022 참고
	토마토케첩 1/2큰술
basic	토마토 1개
	달걀 2개
	쪽파 2줄기
	올리브유 3큰술

| TIP | 양파나 베이컨, 버섯 등을 넣어도 잘 어울려요. |

1. 토마토는 4조각 내어 꼭지와 심지를 제거해 한입크기로 썰고, 쪽파도 얇게 송송 썬다.
2. 팬에 올리브유를 두르고 토마토와 달걀을 넣고 중불에서 달걀이 80% 정도 익을 때까지 저어가며 볶는다.
3. 토마토소스와 채수, 토마토케첩을 넣고 중불에서 가볍게 저어가며 끓인다.
4. 불을 끄고 준비한 쪽파를 넣어 완성해 밥과 곁들인다.

해산물 칠리토마토덮밥
Seafood Chilli Tomato Rice

스리라차소스와 페페론치노로 칼칼한 토마토 베이스를 만들었어요. 매콤한 음식을 좋아하는 분들에게 강추하는 메뉴입니다. 아이들과 함께 먹는다면 스리라차 대신 달콤한 칠리소스를 넣어요.

Ingredient

rice
메밀쌀밥 1공기

sauce base
토마토소스 150ml ● P024 참고
조개육수 100ml ● P018 참고
스리라차 칠리소스 2큰술
설탕 1/2큰술

basic
오징어 1/4마리
대하 5마리
바지락 10개
마늘 5쪽
양파 1/4개
페페론치노 2개
올리브유 3큰술
레몬 1/2개

recipe

1 오징어는 몸통 껍질을 벗겨 한입크기로 썰고, 대하는 껍질을 벗긴다. 바지락도 미리 해감해둔다.

2 팬에 올리브유를 두르고 약불에서 마늘을 으깨 볶다가 양파와 페퍼론치노를 넣고 볶는다.

3 손질한 해산물을 넣고 센불로 볶아 해산물이 익으면 토마토소스와 조개육수, 스리라차 칠리소스, 설탕을 넣고 한소끔 끓인다.

4 그릇에 메밀쌀밥을 담고 그 위에 완성한 요리와 레몬을 적당한 크기로 잘라 올린다. 취향에 따라 허브를 곁들인다.

TIP 메밀쌀밥 대신 보리밥도 어울려요. 거친 식감의 쌀이 매콤한 맛을 잡아줘요.

에그앤헬라이스
Egg and Hell Rice

'샥슈카Shakshuka'로 불리는 지중해와 중동지역의 대표적인 스튜요리에요. 새빨간 토마토소스 속의 달걀이 마치 지옥에 빠진 것 같다 하여 '에그앤헬'이라는 재미난 이름이 붙여졌죠. 무서운 요리명과 달리 맛보면 기분이 좋아집니다.

Ingredient

rice
밥 1공기

sauce base
토마토소스 200ml ● P024 참고
채수 100ml ● P022 참고

basic
달걀 2개
베이컨 1줄
피망 1/4개
양파 1/6개
페페론치노 1개
다진 마늘 2큰술
올리브유 3큰술
곱게 간 그라노파다노치즈 30g

recipe

1. 베이컨과 피망, 양파는 한입크기로 썬다.
2. 팬에 올리브유를 두르고 베이컨, 피망, 양파, 페페론치노, 다진 마늘을 넣고 중불로 볶는다.
3. 토마토소스와 채수를 붓고 중불에서 한소끔 끓인다.
4. 달걀을 노른자가 터지지 않게 조심스럽게 넣은 후 팬의 뚜껑을 닫고 약불로 낮춰 3분간 익힌다.
   TIP 기호에 따라 달걀을 반숙 또는 완숙으로 만들어요. 반숙은 2분, 완숙은 5분 이상이 적당해요.
5. 뚜껑을 열고 곱게 간 그라노파다노치즈를 뿌려 밥과 곁들인다. 취향에 따라 허브를 더해도 좋다.

해산물 토마토리조또
Seafood Tomato Risotto

해마다 여름이면 생각나는 요리가 있습니다. 유학시절 놀러갔던 작은 바닷가 마을에서 맛봤던 해산물 토마토리조또. 팬 가득 넘실대던 신선한 해산물의 향과 김이 모락모락 피어오르던 그 장면은 떠올릴 때마다 미소가 지어져요. 신선한 재료만 있다면 언제나 맛있을 리조또, 지금 시작해봐요.

Ingredient

rice	리조또용 볶음쌀 150g • P026 참고
sauce base	토마토소스 100ml • P024 참고
	물 100ml
	버터 1큰술
	그라노파다노치즈 30g
basic	오징어 1/4마리
	홍합 5개
	바지락 10개
	알새우 10마리
	양파 1/6개
	다진 마늘 2큰술
	바질잎 4~5장
	올리브유 3큰술
	페페론치노 2개
	화이트와인 50ml

1. 오징어는 껍질을 벗겨 먹기 좋은 크기로 썰고, 홍합은 찬물에 30분간 담가 해감한 뒤 수염과 겉면의 불순물을 제거한다. 바지락은 굵은소금에 담아 어두운 곳에서 2시간 해감한다.
2. 양파는 곱게 다지고, 그라노파다노치즈도 곱게 간다.
3. 팬에 올리브유를 두르고 다진 양파와 다진 마늘, 바질잎 1장을 넣고 약불로 볶아 향을 낸다.
4. 준비한 해산물과 페퍼론치노를 넣고 센불에서 조개가 입을 벌리고 해산물이 모두 익을 때까지 볶는다.

TIP 원하는 해산물이 있다면 더 준비해 이 과정에서 넣어주세요.

5 분량의 화이트와인을 넣고 끓여 해산물의 비린내를 잡는다.

6 같은 팬에 토마토소스와 물을 넣고 중불로 끓이다가 소스가 끓기 시작하면 리조또용 볶음쌀을 넣어 섞어가며 익힌다. 물은 한 번에 다 넣지 말고 중간중간 첨가해 저어가며 쌀을 익힌다.

7 쌀이 소스로 촉촉해지면 불을 끄고 버터와 그라노파다노치즈를 골고루 섞어 완성한다. 남은 바질잎을 장식처럼 올린다.

소스 베이스에서 토마토소스 100ml를 토마토소스 70ml, 생크림 100ml로 대체하면 로제소스 해산물리조또를 만들 수 있어요. 로제소스는 양을 약간 넉넉하게 만들어야 재료와 잘 섞여요.

미트소스 라이스
Meat Sauce Rice

미트소스로 건강한 밥 한끼를 만들어보세요. 다진 고기를 토마토퓨레에 섞어 만든 소스로, 이탈리아 볼로냐 지방에서 유래해 '볼로네제소스' '라구소스'로도 불리죠. 한번 만들어두면 냉장고에 두고 1주일 동안 사용 가능해요.

Ingredient

rice

밥 1공기

sauce base

토마토소스 200ml • P024 참고

채수 100ml • P022 참고

설탕 1/2큰술

곱게 간 그라노파다노치즈 30g

basic

다진 소고기 100g

양파 1/5개

당근 1/8개

새송이버섯 1/2개

셀러리 1줄기

마늘 5쪽

올리브유 4큰술

레드와인 50ml

어린잎채소 약간

recipe

1. 양파와 당근, 새송이버섯, 셀러리는 곱게 다진다.

2. 올리브유 2큰술을 두른 팬에서 마늘을 으깨 약불로 볶다가 다진 고기를 넣어 센불로 올려 볶는다. 고기가 익으면 레드와인을 넣어 향을 낸다.

   TIP 통마늘을 으깨 기름에 향을 내면 다진 마늘보다 고기를 볶았을 때 깊은 향이 더해요.

3. 다른 팬에 올리브유 2큰술을 두르고 중불에서 모든 채소를 볶아 준비한 고기볶음에 섞는다.

4. 토마토소스와 채수, 설탕, 그라노파다노치즈를 넣고 약불에서 30분가량 끓인다.

5. 접시에 밥을 담고 그 위에 완성한 요리를 올린 후 어린잎채소를 토핑한다.

로제소스 관자리조또
Rose Sauce Capesante Risotto

토마토소스에 생크림과 우유를 섞어 로제소스를 만들어요. 부드러운 버터 관자구이와 잘 어울리죠. 가리비 관자나 키조개 관자 등 어떤 관자를 사용해도 좋아요.

Ingredient

rice
리조또용 볶음쌀 150g ● P026 참고

sauce base
로제소스 토마토소스 100ml ● P024 참고
생크림 50ml
우유 50ml
조개육수 100ml ● P018 참고
버터 1큰술
곱게 간 그라노파다노치즈 30g

basic
관자 3개
아스파라거스 2줄기
다진 양파 3큰술
다진 마늘 1/2큰술
올리브유 3큰술

recipe

1 관자는 키친타월에 올려 물기를 제거해 반 자르고, 아스파라거스는 먹기 좋게 손질해 어슷썬다.

2 팬에 올리브유를 두르고 다진 양파와 다진 마늘, 아스파라거스를 넣고 중불로 볶는다.

3 물기를 제거한 관자를 넣고 센불에서 관자가 살짝 익을 정도로만 볶는다.

4 조개육수, 토마토소스, 생크림, 우유를 넣고 중불로 끓이다가 소스가 끓기 시작하면 리조또용 볶음쌀을 넣고 저어가며 익힌다. 조개육수는 한 번에 다 넣지 말고 중간중간 첨가해 쌀을 익힌다.

5 쌀이 소스로 촉촉해지면 불을 끄고 버터와 그라노파다노치즈를 섞어 완성한다.
   TIP 관자는 국내산이 가장 맛있어요. 중국산이나 북한산은 질길 수 있으니 원산지를 꼭 확인하세요.

6 접시에 리조또를 담고 취향에 따라 허브를 올린다.

부라타 뽀모도로 리조또
Burrata Pomodoro Risotto

부라타치즈와 토마토소스가 어우러진 리조또예요. 부라타 Burrata는 이탈리아어로 '버터를 바른'이라는 의미로 순두부처럼 부드러운 치즈를 일컫어요.

Ingredient

rice
리조또용 볶음쌀 150g • P026 참고

sauce base
토마토소스 200ml • P024 참고
채수 100ml • P022 참고
버터 1큰술
곱게 간 그라노파다노치즈 30g

basic
부라타치즈 1개
다진 양파 3큰술
다진 마늘 1/2큰술
바질잎 4장
올리브유 3큰술
파슬리가루 약간

recipe

1 팬에 올리브유를 두르고 다진 양파와 다진 마늘, 바질잎 3장을 넣고 약불에서 볶는다.

2 토마토소스와 채수를 넣고 중불에서 끓이다 소스가 끓기 시작하면 리조또용 볶음쌀을 넣고 익힌다. 채수는 한 번에 다 넣지 말고 중간중간 첨가해 저어가며 쌀을 익힌다.

3 쌀이 소스로 촉촉해지면 불을 끄고 버터와 그라노파다노치즈를 넣어 섞는다.

4 접시에 리조또를 담고 부라타치즈를 올린 후 파슬리가루와 남은 바질잎으로 장식한다.

TIP 부라타치즈 대신 후레쉬 모짜렐라치즈를 응용해도 좋아요.

BUTTER

버터와 치즈가 빠진 서양요리를 상상할 수 있을까요? 평범한 식재료에 버터와 치즈만 더해도 족족함과 부드러움이 입안 가득 채우지요. 이탈리아를 대표하는 쌀 요리인 리조또의 마지막도 언제나 버터와 그라노파다노치즈가 차지합니다. 조리과정의 처음이든, 마지막에 불을 끄고 나서든 버터와 치즈는 적은 양만으로도 맛에 큰 영향을 미칩니다.

버터는 사용하는 타이밍이 중요한 식재료입니다. 센불로 조리하면 버터가 쉽사리 탈 수 있음을 주의해야 합니다. 반대로 처음부터 약불로 조리하면 맛이 느끼해지거나 재료의 겉면에 버터가 지나치게 코팅되어 음식의 맛을 해칠 수 있죠. 책을 통해 버터를 넣는 타이밍을 눈여겨 봐주세요.

버터는 크게 무염, 가염으로 나뉘는데 책에서는 무염 앵커버터를 기본으로 사용했습니다. 최근에는 기버터, 헤이즐넛버터, 발효버터 등 다양한 버터를 시중에서 구할 수 있으니 입맛에 맞는 제품으로 선택해 사용하세요.

레몬치킨라이스
Lemon Chicken Rice

단짠단짠 치킨에 상큼한 레몬향까지! 거부할 수 없는 레몬치킨의 매력에 빠져보세요. 치킨을 흑설탕, 고추기름, 마늘, 생강 등으로 우리 입맛에 맞게 마리네이드하고 버터와 레몬에 구워내 그 맛이 특별합니다. 버터에 다진 양파와 레몬 제스트를 볶다가 화이트와인, 설탕, 소금, 바질잎을 섞어 레몬버터소스도 만들어보세요. 다양한 요리에 활용 가능해요.

Ingredient

rice	밥 1공기	
sauce base	**레몬소스**	
	버터 2큰술	
	레몬즙 1/2개분	
	설탕 1/2큰술	
basic	닭 1/2마리(250~300g)	
	닭 마리네이드	레몬 1개
		다진 마늘 1/2큰술
		간생강 1/2큰술
		흑설탕 1큰술
		고추기름 3작은술
		발사믹식초 2큰술
	쪽파 2줄기	
	올리브유 2큰술	
	고추기름 3작은술	

1 닭은 날개와 다리, 몸통 살로 분리한 후 고기에 칼집을 넣는다.
2 레몬은 필러로 껍질을 벗겨 곱게 채썰고 남은 과육은 즙을 낸다. 쪽파도 송송 썬다.
3 지퍼팩에 레몬즙 1/2개분과 채썬 레몬 껍질, 다진 마늘, 간생강, 흑설탕, 고추기름, 발사믹식초 그리고 손질한 닭을 넣고 흔들어 섞고 냉장고에서 반나절 숙성시킨다.
   TIP 발사믹식초가 들어가 치킨의 맛이 깔끔하고 개운해요. 가정용 식초를 넣어도 됩니다.

4 버터를 전자레인지에 살짝 녹여 레몬즙 1/2개분과 설탕을 섞어 레몬소스를 만든다.

5 팬에 올리브유와 고추기름을 두르고 닭을 팬에 올려 약불로 앞뒤 노릇하게 굽는다.
   TIP 오븐에 굽는다면 220℃로 예열해 앞면 10분, 뒷면 10분씩 구워요.

6 닭에 색이 나면 준비한 레몬소스를 발라 약불에서 10분간 더 굽는다. 오븐은 200℃에서 5분간 더 굽는다.

7 접시에 완성한 레몬치킨과 밥을 담고 쪽파를 올린다.

치킨을 구울 때 사용하고 남은 레몬 조각을 함께 넣어 구우면 풍미가 더욱 좋아집니다. 레몬 외에 오렌지나 자몽과도 어울려요.

나폴리풍 해산물 리조또
Neapolitan Seafood Risotto

지중해를 끼고 있는 해안가 도시 나폴리는 신선한 해산물과 바질잎, 토마토가 유명하죠. 유럽을 닮은 리조또를 만들어 볼까요? 정해진 것 없이 집에 있는 해산물을 손질해 넣어요.

Ingredient

rice
리조또용 볶음쌀 150g • P026 참고

sauce base
썬드라이 토마토 10개
물 200ml
버터 1큰술
곱게 간 그라노파다노치즈 30g

basic
홍합 5개
바지락 10개
대하 1~2마리 또는 알새우 10마리
오징어 1/4마리
페페론치노 2개
다진 양파 3큰술
다진 마늘 1/2큰술
바질잎 1장
올리브유 3큰술
화이트와인 50ml
소금 약간
후춧가루 약간

recipe

1 썬드라이 토마토는 잘게 다지고 바질잎도 잘게 썬다. 해산물은 종류별로 먹기 좋게 준비한다.

2 팬에 올리브유를 두르고 약불에서 다진 양파와 다진 마늘, 잘게 썬 바질잎을 볶아 향을 낸다.

3 해산물과 페페론치노를 넣고 센불로 올려 해산물이 익을 때까지 볶다가 화이트와인으로 향을 더한다.

4 썬드라이 토마토와 물을 한 번에 모두 넣고 한소끔 끓여 즉석에서 해산물 육수를 낸 후 리조또용 볶음쌀을 넣어 익힌다.

5 쌀이 소스로 촉촉해지면 불을 끄고 기호에 따라 소금과 후춧가루를 넣은 후, 버터와 그라노파다노치즈를 섞어 완성한다.

6 접시에 리조또를 담고 취향에 따라 허브를 더한다.

샤프론리조또
Saffron Risotto

향신료 중 고가로 손꼽히는 샤프론. 그만큼 특유의 향과 맛을 내지요. 가격이 부담된다면 비슷한 색을 낼 수 있는 치자를 사용해도 됩니다.

Ingredient

rice

리조또용 볶음쌀 150g ● P026 참고

sauce base

샤프론 1/2큰술

조개육수 200ml ● P018 참고

버터 2큰술

곱게 간 그라노파다노치즈 30g

basic

관자구이 관자 3개

버터 1큰술

올리브유 2큰술

다진 양파 3큰술

다진 마늘 1/2큰술

올리브유 2큰술

소금 약간

후춧가루 약간

recipe

1. 팬에 올리브유 2큰술을 둘러 다진 양파와 다진 마늘을 약불에서 볶는다.

2. 샤프론과 조개육수를 넣고 중불로 끓이다가 리조또용 볶음쌀을 넣고 익힌다. 조개육수는 한 번에 다 넣지 말고 중간중간 첨가해 저어가며 쌀을 익힌다.
   TIP 샤프론은 조리과정 중에 넣고 끓여야 색이 나요.

3. 쌀이 소스로 촉촉해지면 불을 끄고 기호에 따라 소금과 후춧가루를 넣은 후, 버터 1큰술과 그라노파다노치즈를 더해 섞는다.

4. 다른 팬에 올리브유 2큰술을 두르고 팬이 달궈지면 중불에서 관자를 앞뒤 색이 날 때까지 굽는다.

5. 불을 줄여 남은 버터 1큰술을 넣고 버터가 녹을 때까지 살짝 더 굽는다.

6. 접시에 리조또를 담고 구운 관자를 올리고 취향에 따라 허브로 장식한다.

시리얼 버터새우라이스
Cereal Butter Shrimp Rice

바쁜 아침, 허기진 배를 든든하게 채워주는 콘플레이크로 근사한 한끼를 만들어요. 싱가포르 대표 메뉴인 바삭바삭 시리얼새우에 밥을 곁들이는 요리입니다.

Ingredient

rice
밥 1공기

sauce base
콘플레이크 100g
탈지분유 2큰술
설탕 1큰술
버터 3큰술

basic
새우튀김 새우 10마리
튀김가루 2큰술
식용유 500ml

청양고추 3개
다진 마늘 1/2큰술
월계수잎 4장
식용유 2큰술
소금 약간
후춧가루 약간

recipe

1 새우는 머리와 꼬리는 두고 등껍질과 내장, 물총을 제거한다. 청양고추도 얇게 썬다.

2 봉지에 콘플레이크와 탈지분유, 설탕을 넣고 으깨어 시리얼을 만든다.
   TIP 탈지분유를 구하기 어렵다면 콘플레이크 중 단맛이 강화된 제품을 사용하세요.

3 튀김가루에 물 2큰술을 넣고 되직하게 반죽해 새우에 튀김옷을 입혀 180℃로 예열한 식용유에 노릇하게 튀긴다.

4 팬에 버터와 식용유 2큰술을 두르고 얇게 썬 청양고추와 다진 마늘, 월계수잎을 넣어 약불로 볶는다.

5 으깬 시리얼 1/2 분량과 새우튀김을 섞어준 후 남은 시리얼까지 넣어 버무리듯 볶아 밥 위에 올린다.

바질페스토 리조또
Basil Pesto Risotto

파스타와 피자에 감초처럼 쓰이는 바질페스토를 주인공 삼아 만든 요리입니다. 이탈리아 제노바의 전통요리 중 하나인 페스토(Pesto)는 이탈리아어로 '갈다'라는 뜻을 가지고 있어요. 오리지널 레시피는 잣과 엔초비로 감칠맛과 담백함을 내는데, 오늘은 바질잎과 오일, 치즈만으로 기본 바질페스트를 만들고 조리과정에서 버터를 더했습니다. 바질잎의 신선한 향을 리조또로 느껴보세요.

Ingredient		
rice	리조또용 볶음쌀 150g • P026 참고	
sauce base	바질페스토	바질잎 10장
		엑스트라버진 올리브유 50ml
		그라노파다노치즈 20g
	채수 200ml • P022 참고	
	버터 1큰술	
	곱게 간 그라노파다노치즈 30g	
basic	문어 다리 1개	
	양파 1/6개	
	다진 마늘 1/2큰술	
	올리브유 4큰술	
	소금 약간	
	후춧가루 약간	

1 양파는 곱게 다지고 그라노파다노치즈도 곱게 간다.
2 바질잎과 엑스트라버진 올리브유, 그라노파다노치즈를 블렌더에 모두 넣고 갈아 바질페스토를 만든다.

3 팬에 올리브유 2큰술을 두르고 다진 양파와 다진 마늘을 약불에서 볶아 향을 낸다.
4 채수를 붓고 중불에서 끓이다가 리조또용 볶음쌀을 넣어 익힌다. 채수는 한 번에 다 넣지 말고 중간중간 첨가해 저어가며 쌀을 익힌다.
5 쌀이 소스로 촉촉해지면 기호에 따라 소금과 후춧가루를 추가한다.

6 약불로 낮춰 미리 준비한 바질페스토를 넣어 섞는다.

7 불을 끄고 버터와 곱게 간 그라노파다노치즈를 섞는다.

8 문어 다리를 먹기 좋게 썰어 올리브유 2큰술을 두른 팬에서 노릇하게 구워 리조또 위에 올린다.

   TIP 자숙문어를 사용하면 조리시간을 단축할 수 있어요.

바질페스토는 리조또 외에도 파스타 소스나 빵에 발라 먹는 스프레드로 즐기기 좋아요. 완성한 바질페스토는 가능한 빠른 시일 안에 사용하세요.

미트소스 아란치니
Meat Sauce Arancini

이탈리아어로 '작은 오렌지'라는 뜻의 아란치니는 노릇하게 튀겨진 모습이 오렌지를 닮았죠. 시칠리아에서 시작되어 '시칠리안 라이스볼'로도 불린답니다. 리조또가 아닌 찬밥을 이용해 간편하게 즐겨도 좋아요.

Ingredient

rice
리조또용 볶음쌀 150g ● P026 참고

sauce base
미트소스 8큰술
채수 100ml ● P022 참고
버터 2큰술
곱게 간 그라노파다노치즈 40g

basic
튀김 달걀 2개
       밀가루 1큰술
       빵가루 100g
       식용유 500ml

다진 양파 3큰술
다진 마늘 1/2큰술
바질잎 1장
올리브유 3큰술
소금 약간
후춧가루 약간
루꼴라 약간

recipe

1 팬에 올리브유를 둘러 다진 양파와 다진 마늘, 바질잎을 약불에서 볶는다.

2 채수를 붓고 끓이다가 리조또용 볶음쌀을 넣고 익힌다. 채수는 한 번에 다 넣지 말고 중간중간 첨가해 저어가며 쌀을 익힌다.

3 쌀이 소스로 촉촉해지면 불을 끄고 기호에 따라 소금과 후춧가루를 넣은 후, 버터와 그라노파다노치즈를 섞어 식힌다.

4 식힌 리조또를 주먹으로 감싸 원형으로 만들어 속에 미트소스 3큰술을 나누어 넣고 리조또 볼을 만든다.

5 리조또 볼을 밀가루 → 달걀물 → 빵가루 순으로 발라 180℃로 예열한 식용유에 노릇하게 튀긴다.

6 접시에 남은 미트소스를 깔고 아란치니를 올린 후, 테두리에 루꼴라를 장식한다.

오징어먹물리조또
Squid Ink Risotto

한 수저 듬뿍 맛보면 금세 입안 가득 검은 색소로 물들죠. 변하는 색만큼이나 감칠맛이 끝내주는 요리랍니다. 오징어 먹물은 한번 구입해두면 제과, 제빵 등 다양한 메뉴에서 활용 가능해요.

Ingredient

rice
리조또용 볶음쌀 150g • P026 참고

sauce base
오징어 먹물 1/2큰술
조개육수 바지락 50g
             물 150ml
버터 1큰술
곱게 간 그라노파다노치즈 30g

basic
오징어구이 오징어 1/4마리
               올리브유 2큰술

방울토마토 3개
다진 양파 3큰술
다진 마늘 1/2큰술
올리브유 2큰술
화이트와인 50ml
소금 약간
후춧가루 약간

recipe

1 오징어는 껍질을 벗겨 몸통 모양대로 슬라이스한다.

2 해감한 바지락을 분량의 끓는 물에 넣어 입이 벌어지면 조개육수와 조갯살로 분리한다.

3 팬에 올리브유 2큰술을 두르고 다진 양파와 다진 마늘을 약불로 볶는다.

4 향이 오르면 조갯살을 넣고 볶다가 화이트와인을 부어 향을 더 낸다.

5 조개육수를 붓고 센불로 끓이다가 리조또용 볶음쌀과 오징어 먹물, 방울토마토를 넣고 중불로 더 끓인다. 조개육수는 한 번에 다 넣지 말고 중간중간 첨가해 저어가며 쌀을 익힌다.

6 쌀이 소스로 촉촉해지면 불을 끄고 기호에 따라 소금과 후춧가루를 넣은 후, 버터와 그라노파다노치즈를 섞는다.

7 다른 팬에 올리브유 2큰술을 두르고 센불로 오징어를 노릇하게 구워 리조또 위에 세팅한다.

살팀보카라이스
Saltimbocca Rice

음식이 너무 맛있어서 '입으로 뛰어든다'라는 뜻을 지닌 요리예요. 유럽에서는 주로 닭고기 또는 돼지고기, 소고기에 프로슈토와 세이지를 함께 요리하는데, 책에는 와인과 버터를 더하는 로마식 살팀보카를 담았습니다.

Ingredient

rice
밥 1공기

sauce base
버터 1큰술
꿀 1/2큰술
레드와인 50ml

basic
소고기 채끝 100g
밑간   소금 약간
         후춧가루 약간
세이지 4장
프로슈토 1장
밀가루 1/2큰술
올리브유 1큰술
곱게 간 그라노파다노치즈 20g

recipe

1. 소고기 채끝은 포를 뜨듯 반 잘라 스테이크 망치로 얇게 편 후 소금과 후춧가루로 밑간한다.
2. 고기 위에 세이지 → 프로슈토 순으로 올리고 이쑤시개로 고정한 후 밀가루를 앞뒷면에 묻힌다.
   TIP 프로슈토는 하몽이나 베이컨으로, 세이지는 바질잎으로 대체 가능해요.
3. 팬에 올리브유를 두르고 중불에서 살팀보카를 노릇하게 굽다가 레드와인을 넣어 향을 낸다.
4. 중불로 낮추고 버터와 꿀을 넣어 풍미를 더한다.
5. 접시에 밥을 담고 살팀보카를 올린 후 그라노파다노치즈를 뿌린다. 취향에 맞는 허브를 곁들여도 좋다.

치미추리스테이크와 버터라이스
Chimichurri Steak & Butter Rice

데커레이션 용도로 사용하던 파슬리의 대변신! 요리에 파슬리를 넣으면 맛이 풍성해지고 볼륨감이 더해집니다. 파슬리와 각종 허브로 치미추리소스를 만들어 스테이크를 곁들여요. 버터와 간장으로 맛낸 버터라이스의 궁합이 꽤나 잘 어울리죠. 남미와 유럽에서 사랑받는 새콤하고 톡 쏘는 치미추리소스의 매력에 빠져보세요.

Ingredient

rice
- 밥 1공기
- 파프리카 1/4개
- 버터 1큰술
- 간장 1큰술

sauce base **치미추리소스**
- 이태리파슬리 30g
- 바질잎 5장
- 엑스트라버진 올리브유 100ml
- 청고추 1개
- 양파 1/6개
- 마늘 4쪽

basic
- 소고기 안심 150g
- **밑간** 올리브유 1큰술
  - 소금 약간
  - 후춧가루 약간
- 버터 1큰술
- 로즈마리 1줄기
- 마늘 4쪽
- 올리브유 2큰술

1 이태리파슬리는 잎만 준비해 나머지 재료와 함께 블렌더에 넣고 갈아 치미추리소스를 만든다.
2 파프리카는 꼭지를 제거하고 곱게 다진다.
3 준비한 안심에 올리브유 1큰술을 바른 후 소금과 후춧가루로 밑간한다.

4 팬에 올리브유 2큰술을 두르고 달궈지면 중불에서 고기를 앞뒤 색이 나게 굽고, 측면으로 세워 골고루 익힌다.

5   고기가 전체적으로 노릇해지면 약불로 줄이고 버터 1큰술, 로즈마리, 마늘을 넣고 향을 더한다.

6   밥 1공기를 따뜻하게 데워 분량의 버터, 간장, 곱게 다진 파프리카를 섞는다.

7   접시에 버터라이스를 담고 스테이크와 치미추리소스를 올려 완성한다.

치미추리소스는 시간이 지날수록 매운맛이 강해지는 경향이 있어요. 소스를 만들고 2~3일 안에 드시길 권해요.

육회리조또
Beef Tartare Risotto

한국에 육회가 있다면 이탈리아에는 카르파쵸가 있죠. 육회와 리조또를 매칭한 한국적인 메뉴입니다. 육회무침을 미리 준비해 살짝 얼려서 리조또에 올려 먹으면 더욱 맛있습니다. 고기가 너무 녹지 않게 주의하세요.

Ingredient

rice
리조또용 볶음쌀 150g ● P026 참고

sauce base
닭육수 200ml ● P020 참고
버터 1큰술
곱게 간 그라노파다노치즈 30g

basic
육회용 소고기 80g
무침 참기름 1큰술
　　　 매실액 1큰술
　　　 간장 1큰술
　　　 깨소금 1/3큰술
　　　 다진 마늘 1/2큰술
다진 양파 3큰술
다진 마늘 1/2큰술
올리브유 1큰술
깻잎 1장
달걀노른자 1개
소금 약간
후춧가루 약간

recipe

1 육회용 소고기에 참기름, 매실액, 간장, 깨소금, 다진 마늘 1/2큰술을 넣어 버무린다.

2 팬에 올리브유를 둘러 다진 양파와 다진 마늘을 약불로 볶다가 중불로 올려 닭육수를 붓고 끓이다가 리조또용 볶음쌀을 넣는다. 닭육수는 한 번에 다 넣지 말고 중간중간 첨가해 저어가며 쌀을 익힌다.

3 쌀이 소스로 촉촉해지면 불을 끄고 기호에 따라 소금과 후춧가루를 넣은 후, 버터와 그라노파다노치즈를 넣어 섞는다.

4 접시에 리조또를 담고 육회무침을 올리고 깻잎을 아주 얇게 썰어 그 테두리에 장식한다.

5 육회무침 중앙에 달걀노른자를 올려 완성한다.

고르곤졸라리조또
Gorgonzola Risotto

피자로 즐기던 고르곤졸라치즈로 리조또의 진한 풍미를 더했습니다. 크림처럼 부드럽고 톡 쏘는 고르곤졸라치즈 특유의 맛이 인상적이죠. 그 향이 부담스럽다면 까망베르 치즈나 브리치즈로 대체하세요.

Ingredient

rice
리조또용 볶음쌀 150g • P026 참고

sauce base
고르곤졸라치즈 1큰술
채수 100ml • P022 참고
버터 1큰술
곱게 간 그라노파다노치즈 30g

basic
새송이버섯 1개
다진 양파 3큰술
다진 마늘 1/2큰술
올리브유 3큰술
호두 분태 1큰술
소금 약간
후춧가루 약간

recipe

1 새송이버섯은 모양대로 썰고 대각선 방향으로 칼집 낸다.

2 팬에 올리브유 1큰술을 두르고 새송이버섯을 중불로 앞뒤 노릇하게 구워 빼둔다.

3 다른 팬에 올리브유 2큰술을 두르고 다진 양파, 다진 마늘을 넣고 중불에서 볶다가 채수와 고르곤졸라치즈를 넣고 끓이다 리조또용 볶음쌀을 넣는다. 채수는 한 번에 다 넣지 말고 중간중간 첨가해 저어가며 쌀을 익힌다.

4 쌀이 소스로 촉촉해지면 불을 끄고 기호에 따라 소금과 후춧가루를 넣은 후, 버터와 그라노파다노치즈, 호두 분태를 넣고 섞는다.

5 완성한 리조또를 접시에 담고 그 위에 구운 버섯을 올린다. 약간의 고르곤졸라치즈나 허브로 장식해도 좋다.

트러플리조또
Truffle Risotto

송로버섯은 비싼 식재료 중에 하나죠. 기념일이나 생일 등 특별한 날이면 스페셜 메뉴로 추천합니다. 트러플오일은 엑스트라버진 올리브유나 해바라기씨유에 트러플을 담가 향을 배게 하거나 트러플오일을 넣어 향을 입힌 기름이죠. 많은 양을 넣으면 요리의 맛을 떨어트리니 유의하세요.

Ingredient

rice

리조또용 볶음쌀 150g ● P026 참고

sauce base

트러플오일 1/2큰술

닭육수 200ml ● P020 참고

버터 1큰술

곱게 간 그라노파다노치즈 30g

basic

트러플버섯 5g

양송이버섯 10g

새송이버섯 10g

표고버섯 1개

다진 양파 3큰술

다진 마늘 1/2큰술

올리브유 3큰술

소금 약간

후춧가루 약간

recipe

1 양송이버섯, 새송이버섯, 표고버섯은 얇게 썬다.

2 팬에 올리브유를 두르고 다진 양파와 다진 마늘을 약불에 볶아 향을 낸 뒤 얇게 썰어둔 버섯을 넣고 중불로 올려 노릇하게 볶는다.

3 닭육수를 부어 중불로 끓이다 리조또용 볶음쌀을 넣는다. 닭육수는 한 번에 다 넣지 말고 중간중간 첨가해 저어가며 쌀을 익힌다.

4 쌀이 소스로 촉촉해지면 불을 끄고 기호에 따라 소금과 후춧가루를 넣은 후, 버터와 그라노파다노치즈, 트러플오일을 넣고 섞는다.

5 접시에 리조또를 담고 그 위에 트러플버섯을 커터로 썰어 올린다.

TIP 트러플버섯은 전용 커터를 이용해야 얇고 고르게 썰 수 있어요.

CREAM &

어떤 오일을 쓰느냐에 따라 음식의 향과 맛이 크게 달라집니다. 이번 파트에서는 오일로 맛있게 볶고 굽는 쌀요리를 해볼게요. 오일요리를 하다보면 '엑스트라버진 올리브유로 튀기거나 볶아도 되냐?'는 질문을 듣곤 합니다. 엑스트라버진은 올리브 열매를 처음 압착해서 얻은 산도 0.8% 이하의 올리브유로 160℃ 이상으로 가열하게 되면 연기가 나면서 발연점이 시작되므로 요리 미지막에 넣거나 가볍게 볶는 요리에 사용하는 게 좋습니다. 볶거나 튀길 때는 퓨어 올리브유 또는 포머스 올리브유를 사용하면 됩니다.

서양요리에 빠지지 않는 게 또 크림소스죠. 기본은 버터에 밀가루를 볶은 '루 Roux'입니다. 루와 우유로 만드는 '베사멜소스'와 육수에 루를 섞어 만드는 '벨루떼소스'가 대표적인데, 루를 만들 필요 없이 간단히 크림을 넣어도 풍부한 맛을 낼 수 있습니다. 쌀요리에는 주로 생크림을 사용합니다. 휘핑크림은 소스의 농도를 되직하게 만들어 요리의 맛을 해칠 수 있기 때문이죠. 불 조절에 유의해야 크림소스의 맛을 살릴 수 있습니다.

OIL BASE

치킨프리카세라이스
Chicken Fricassee Rice

프리카세는 소고기나 닭고기 등에 크림을 넣어 소스를 진하게 만든 요리에요. 진한 크림의 기본 재료가 버터와 밀가루를 볶아서 만드는 '루'입니다. 버터와 밀가루를 약불로 볶다 보면 버터가 녹아 밀가루와 하나가 되는데 그 순간에 만들어집니다. 볶는 시간에 따라 화이트 루, 브론즈 루, 브라운 루로 나눌 수 있는데 이번 요리는 화이트 루를 사용했습니다. 진한 크림의 매력에 흠뻑 빠져보세요.

Ingredient

rice	밥 1공기	
sauce base	채수 300ml	• P022 참고
	화이트 루	버터 1큰술
		밀가루 1큰술
	생크림 200ml	
basic	닭 1/2마리(250~300g)	
	양파 1/2개	
	새송이버섯 2개	
	올리브유 3큰술	
	화이트와인 50ml	
	타임 5줄기	
	레몬 1/2개	
	소금 약간	
	후춧가루 약간	

1 닭은 가위나 칼을 이용해 적당한 크기로 토막낸다.

2 양파와 새송이버섯도 한입크기로 먹기 좋게 썬다.

3 팬에 올리브유를 두르고 중불에서 준비한 닭의 앞뒷면을 노릇하게 구워 꺼낸다.

4 닭을 구웠던 팬에 양파와 새송이버섯을 중불로 볶다가 색이 나면 화이트와인을 넣어 채소가 익을 때까지 볶는다.

5 화이트 루를 만든다. 마른 팬에 분량의 버터를 약불로 녹인 후 동량의 밀가루를 넣어 뭉치지 않게 빠르게 풀어 걸쭉한 농도를 만든다.

　　TIP　버터와 밀가루를 볶아 만드는 루는 소스의 농도를 잡아주고 재료의 풍미를 더해줘요.

6 팬에 구운 닭과 채수, 볶은 채소, 화이트 루를 넣고 약불에서 20분간 끓여 소금과 후춧가루로 간한다.

7 생크림과 타임을 넣고 10분 더 끓여 농도를 낸다.

8 불을 끄고 레몬 즙을 짜서 넣고 밥과 곁들인 후 레몬과 허브로 장식한다.

크림소스가 들어간 요리의 마지막에 레몬즙을 뿌리면 크림소스의 무거운 맛이 상큼하게 변하는 마법을 느낄 수 있어요.

모둠조개빠에야
Various Shellfish Paella

빠에야는 스페인의 대표 음식입니다. 스페인 중에서도 발렌시아 지방의 요리라고 볼 수 있죠. 커다란 팬에 채소와 고기, 해산물, 향신료를 넣고 쌀과 육수를 부어가며 만들어 먹는 요리랍니다. 그중 대표 메뉴가 해산물빠에야예요. 조개류는 미리 해감해 준비해주세요.

Ingredient

rice
리조또용 볶음쌀 150g ● P026 참고

sauce base
조개육수 200ml ● P018 참고
파프리카파우더 1/3큰술
샤프론 1/2큰술

basic
조개 익히기 모둠조개(바지락 10개,
　　　　　　홍합 3개, 모시조개 5개)
　　　　　　물 100ml
　　　　　　다진 양파 10큰술
　　　　　　다진 마늘 2큰술
　　　　　　올리브유 4큰술
　　　　　　화이트와인 50ml
파프리카 1/4개
방울토마토 3개
올리브 5개
라임 또는 레몬 1/2개
소금 약간
후춧가루 약간

recipe

1. 파프리카를 잘게 다지고 방울토마토는 반 자른다.
2. 팬에 올리브유 2큰술을 두르고 다진 마늘을 약불로 볶아 마늘향이 나면 모둠조개를 넣고 중불로 올려 볶는다.
3. 화이트와인을 넣어 향을 입힌 후 분량을 물을 부어 조개가 완전히 익을 때까지 끓인다.
4. 다른 팬에 올리브유 2큰술을 둘러 다진 양파를 볶아 색이 나면 파프리카와 방울토마토를 넣어 익힌다.
5. 조개육수와 파프리카파우더, 샤프론, 올리브, 리조또용 볶음쌀을 넣어 중불에서 끓여 쌀이 소스로 촉촉해지면 불을 끄고 기호에 따라 소금과 후춧가루를 더한다.
6. 화이트와인에 끓인 조개를 넣고 수분이 다 날아갈 때까지 약불로 볶은 후 레몬을 곁들여 완성한다. 취향에 따라 허브로 장식한다.

TIP 빠에야는 넓은 팬에 약간 바닥이 노릇해질 때까지 볶는 게 맛있게 요리하는 비결이에요.

베샤멜소스 치킨도리아
Bechamel Sauce Chicken Doria

베샤멜소스는 버터와 밀가루, 우유로 만드는 클래식한 소스입니다. 부드러운 버터의 향을 만끽하세요. 만들고 시간이 지나면 되직해지니 우유를 넣고 살짝 끓여가며 저어 사용하세요.

Ingredient

rice
귀리쌀밥 1공기
간장 1큰술

sauce base 베샤멜소스
버터 2/3큰술
밀가루 1큰술
우유 300ml
소금 약간
후춧가루 약간

basic
닭다리살 1개(120g)
새송이버섯 1개
다진 양파 2큰술
다진 마늘 1/2큰술
올리브유 3큰술
피자치즈 40g
파마산치즈 1큰술

recipe

1 닭다리살과 새송이버섯은 한입크기로 썬다.

2 냄비에 버터와 밀가루를 넣고 저어가며 촉촉해질 때까지 약불로 볶아 루를 만든다.

3 고소한 냄새가 나면 우유를 붓고 기호에 따라 소금과 후춧가루를 넣고 끓여 베샤멜소스를 만든다.
   TIP 루에 우유를 넣고 휘퍼로 잘 풀어주면서 한소끔 끓이면 되직한 크림소스를 만들 수 있어요.

4 팬에 올리브유를 두르고 약불에서 다진 양파와 다진 마늘을 볶고 중불로 올려 닭다리살, 새송이버섯을 볶다가 불을 끄고 준비해둔 베샤멜소스와 섞는다.

5 귀리쌀밥에 간장을 섞은 후 오븐용기에 담아 베샤멜소스치킨과 피자치즈를 순으로 올린다.

6 230℃로 예열한 오븐에서 7분간 구워 파마산치즈를 뿌려 완성한다. 부드러움과 고소함을 더하고 싶다면 약간의 버터를 작게 잘라 올린다.

페리페리 연어라이스
Periperi Salmon and Rice

페리페리소스는 아프리카와 포르투칼에서 많이 쓰이는 소스입니다. '피리피리소스'로도 불리죠. 홍고추로 만드는 매콤한 레드소스인데, 파프리카파우더가 이국적인 느낌을 내는 핵심 재료입니다. 생선은 물론 닭요리와 매칭해도 맛있으니 꼭 만들어보세요.

Ingredient

	rice	밥 1공기
	sauce base	**페리페리소스**
		홍고추 5개
		레몬즙 1개분
		올리브유 100ml
		파프리카파우더 2큰술
		다진 마늘 1큰술
		소금 1/3큰술
		후춧가루 1/3큰술
	basic	연어 100g
		양파 1/3개
		올리브유 4큰술

1 홍고추는 씨를 제거하고 듬성듬성 썬다.

2 블렌더에 홍고추와 레몬즙, 올리브유, 파프리카파우더, 다진 마늘, 소금, 후춧가루를 넣고 거칠게 갈아 페리페리소스를 만든다.
   TIP 페리페리소스는 마늘과 고추가 들어가 시간이 흐를수록 매운맛이 강해집니다. 가능한 빠르게 섭취하세요.

3 연어에 페리페리소스를 발라 냉장실에서 1시간 숙성시킨다.

4 양파는 링 모양으로 썬 후 올리브유 2큰술을 두른 팬에서 약불로 앞뒤 노릇하게 구워 건진다.

5 같은 팬을 달구어 올리브유 2큰술을 두르고 숙성시킨 연어를 중불에서 노릇하게 굽는다.
   TIP 연어는 완전히 익히는 것보다 겉은 바삭하게, 속은 촉촉하게 구워야 맛있어요. 팬에 올리브유를 두르고 중불로 달군 후 연기가 가볍게 피어오르면 연어를 올려 구워요. 겉면이 크리스피해지면 약불로 줄여 1분 정도 더 구워요.

6 접시에 밥을 담고 구운 양파와 연어를 올려 완성한다. 취향에 따라 허브로 장식한다.

초리조 닭가슴살빠에야
Chorizo Chicken Breast Paella

초리조는 고추, 향신료 등이 들어간 스페인의 소시지입니다. 만드는 방식에 따라 형태도 다양한데, 국내에서는 말린 초리조가 많이 소개되어 있죠. 얇게 썰어내면 와인안주로도 그만이랍니다.

Ingredient

rice
리조또용 볶음쌀 150g • P026 참고

sauce base
닭육수 300ml • P020 참고
파프리카파우더 1/2큰술

basic
초리조 50g
닭가슴살 1개
썬드라이 토마토 2큰술
통조림 병아리콩 3큰술
다진 양파 10큰술
다진 마늘 4큰술
타임 3줄기
올리브유 3큰술
화이트와인 100ml
소금 약간
후춧가루 약간

recipe

1 초리조는 얇게 썰고 닭가슴살, 썬드라이 토마토도 한입크기로 썬다.

2 팬에 올리브유를 두르고 다진 양파와 다진 마늘, 타임을 약불에서 볶아 향을 낸다.
   TIP 허브는 요리에 향을 내주는 용도로 사용할 뿐, 먹지는 않아요. 이 점 유의해주세요.

3 초리조와 닭가슴살, 썬드라이 토마토, 병아리콩을 넣고 중불에서 고기가 완전히 익을 때까지 볶는다.

4 화이트와인을 넣어 향을 더하고 닭육수와 파프리카파우더, 리조또용 볶음쌀을 넣고 약불로 저어가며 끓이다 기호에 따라 소금과 후춧가루를 간한다.

5 수분이 다 날아갈 때까지 볶아 완성한다.

버섯크림리조또
Mushroom Cream Risotto

진한 버섯의 향이 물씬 풍기는 리조또예요. 마트에 늘 있는 양송이버섯, 새송이버섯이 아니라도 제철 버섯을 활용해 버섯크림을 만들어 리조또를 즐겨보세요.

Ingredient

rice
리조또용 볶음쌀 150g • P026 참고

sauce base 버섯크림
양송이버섯과 새송이버섯 50g씩
다진 양파 3큰술
다진 마늘 1/4큰술
올리브유 2큰술
닭육수 100ml • P020 참고
화이트와인 50ml

basic
버섯구이 새송이버섯 1개
　　　　 양송이버섯 1개
　　　　 올리브유 2큰술
닭육수 300ml • P020 참고
다진 양파 3큰술
다진 마늘 1/4큰술
올리브유 2큰술
버터 1큰술
곱게 간 그라노파다노치즈 30g
소금과 후춧가루 약간씩

recipe

1. 버섯크림을 만든다. 버섯은 적당히 썰어 올리브유 2큰술을 두른 팬에 크림용 다진 양파, 다진 마늘과 함께 중불로 완전히 볶아 화이트와인과 닭육수를 100ml를 붓고 중불로 끓인다. 수분이 절반 정도로 줄어들면 블렌더에 곱게 갈아 버섯크림을 만든다.
   TIP 버섯크림에 우유, 생크림을 섞어 끓이면 버섯수프가 됩니다.

2. 버섯구이용 버섯을 먹기 좋게 썰어 올리브유를 두른 팬에서 중불로 노릇하게 구워 건진다.

3. 같은 팬에 올리브유 2큰술을 두르고 다진 양파와 다진 마늘을 약불로 볶아 향을 낸다.

4. 닭육수 300ml를 넣고 중불로 끓이다 리조또용 볶음쌀과 버섯크림을 넣고 끓인다. 닭육수는 한 번에 다 넣지 말고 중간중간 첨가해 저어가며 쌀을 익힌다.

5. 쌀이 소스로 촉촉해지면 불을 끄고 기호에 따라 소금과 후춧가루를 넣은 후, 버터와 그라노파다노치즈를 섞어 완성한다.

6. 접시에 리조또를 담고 구운 버섯을 올리고 취향에 따라 허브로 장식한다.

레몬리조또
Lemon Risotto

신혼여행으로 갔던 스페인의 어느 작은 식당에서 먹었던 요리에요. 입맛이 없던 여름 한낮이었는데, 한 숟가락 맛보자마자 눈이 번쩍 뜨였죠. 레몬 껍질이 들어간 상큼한 리조또를 즐겨보세요. 레몬 대신 오렌지나 라임 껍질을 활용해도 좋아요.

Ingredient

rice	리조또용 볶음쌀 150g • P026 참고
sauce base	채수 200ml • P022 참고
	생크림 50ml
	버터 1큰술
	그라노파다노치즈 30g
basic	시판 새우튀김 2개
	양파 1/6개
	다진 마늘 1/2큰술
	올리브유 3큰술
	레몬 1/2개
	엑스트라버진 올리브유 1큰술
	소금 약간
	후춧가루 약간

TIP 레몬 제스트를 만들 때 가운데 흰색 부분이 들어가지 않도록 유의하세요. 맛이 씁쓸해집니다.

1. 그라노파다노치즈는 곱게 갈고, 양파도 잘게 다진다.
2. 팬에 올리브유를 두르고 다진 양파와 다진 마늘을 약불로 볶아 향을 낸다.
3. 같은 팬에 채수와 생크림을 순서대로 붓고 중불로 끓이다 리조또용 볶음쌀을 넣고 저어가며 끓인다. 채수는 한 번에 다 넣지 말고 중간중간 첨가해 쌀을 익힌다.
4. 쌀이 소스로 촉촉해지면 불을 끄고 기호에 따라 소금과 후춧가루를 넣은 후, 버터와 그라노파다노치즈를 섞는다.
5. 리조또 위에 레몬의 껍질 부분을 그레이터에 갈아 올리고 레몬 1/2개 분량의 즙을 짜서 섞는다.
6. 시판 새우튀김을 에어프라이어나 팬을 활용해 굽는다.
7. 접시에 리조또를 담고 새우튀김을 올린 후 엑스트라버진 올리브유를 곁들인다. 취향에 따라 레몬 슬라이스와 허브로 장식한다.

라이스부리또
Rice Burrito

뉴멕시코와 미국에서 인기 있는 메뉴인 부리또는 토르티야에 밥과 고기, 콩 등 각종 재료를 얹어 모양을 잡고 감싸 살사소스와 함께 먹는 멕시칸 요리에요. 이번엔 볶음밥을 넣었죠. 밥 없이 채소만 볶아 넣어도 맛있답니다.

Ingredient

rice
밥 1공기
콘옥수수 1큰술
그린피스 1큰술
몬스위트 칠리소스 2큰술
올리브유 2큰술

sauce base
사워크림 1큰술

basic
토르티야 2장
닭가슴살 1개(100g)
양파 1/4개
피망 1/4개
양상추 1~2장(20g)
할라피뇨 1큰술
올리브유 2큰술
슬라이스 치즈 2장
잎채소 약간

recipe

1 닭가슴살, 양파, 피망, 양상추는 잘게 썰고 할라피뇨는 다진다.

2 팬에 올리브유 2큰술을 두르고 중불로 닭가슴살과 양파, 피망을 모두 넣고 볶는다.

3 다른 팬에 올리브유 2큰술을 두르고 밥, 콘옥수수, 그린피스, 칠리소스를 넣고 중불로 볶아 볶음밥을 만든다.

4 토르티야는 기름 없는 팬에서 약불로 노릇하게 구워 준비한다.
   TIP 토르티야는 6인치, 8인치, 10인치, 12인치까지 다양한 크기로 판매되니 크기를 확인하세요

5 구운 토르티야에 사워크림을 바른 후 슬라이스 치즈를 얹고 볶음밥을 넓게 펴고 준비한 모든 재료를 넣어 말아준다.

6 접시에 잎채소를 장식처럼 깔고 부리또를 먹기 좋은 크기로 잘라 올린다.

새우크림도리아
Shrimp Cream Doria

도리아는 볶음밥에 크림이나 치즈를 얹어 오븐에 구운 요리입니다. 프랑스 요리인 그라탕에 버터 라이스를 더해 일본식으로 만들어졌죠. 볶음밥에 세련된 변신을 느껴보세요. 스파게티면을 사용하면 새우크림 오븐파스타가 됩니다.

Ingredient

rice
밥 1공기

cream base
생크림 200ml
굴소스 1큰술

basic
알새우 10마리
아스파라거스 1줄기
루꼴라 5~6줄기
다진 양파 2큰술
버터 1큰술
올리브유 3큰술
피자치즈 30g
파마산치즈 1큰술
소금 약간
후춧가루 약간

recipe

1 아스파라거스는 먹기 좋게 다듬어 얇게 어슷썬다.

2 팬에 버터와 올리브유를 두르고 알새우와 아스파라거스, 다진 양파를 넣어 중불로 볶는다.

3 생크림과 굴소스를 넣고 중불에서 한소끔 끓인다.

4 루꼴라 3~4줄기를 손으로 뜯어 넣고 밥과 함께 소스를 잘 섞은 후 기호에 따라 소금과 후춧가루로 간해 오븐용기에 담는다.

5 밥 위에 피자치즈를 얹고 230℃로 예열한 오븐에서 7분간 구운 후 파마산치즈를 뿌려 완성한다.

6 오븐에서 꺼내어 완성된 도리아 위에 남은 루꼴라를 장식처럼 올린다.

냉이페스토 빠에야
Herbs Pesto Paella

향긋한 향의 냉이는 봄을 알리는 대표적인 채소죠. 채소지만 단백질 함량이 높고 각종 비타민과 무기질이 듬뿍 담긴 식재료입니다. 냉이를 넣고 빠에야 한 그릇에 봄날을 담아보세요.

Ingredient		
rice	리조또용 볶음쌀 150g • P026 참고	
sauce base	조개육수 300ml • P018 참고	
	냉이페스토	냉이 50g
		마늘 1쪽
		잣 20g
		엑스트라버진 올리브유 100ml
		그라노파다노치즈 20g
basic	가리비 관자 4개	
	토마토 1/2개	
	양파 1/2개	
	파프리카 1/4개	
	다진 마늘 2큰술	
	올리브유 4큰술	
	화이트와인 50ml	
	파프리카파우더 1/3큰술	
	소금 약간	
	후춧가루 약간	

1 토마토와 양파, 파프리카는 한입크기로 썬다.
2 냉이는 뿌리 부분의 흙이 남아있지 않게 흐르는 물에 꼼꼼히 씻어 블렌더에 마늘, 잣, 엑스트라버진 올리브유, 그라노파다노치즈와 함께 넣고 곱게 간다.
3 팬에 올리브유 2큰술을 두르고 다진 마늘을 약불에서 볶는다.
4 마늘향이 나면 가리비 관자를 넣어 굽다가 화이트와인을 넣고 풍미를 더한다.

5 와인이 날아가면 분량의 조개육수를 부어 중불로 한소끔 끓인다.

6 다른 팬에 올리브유 2큰술을 두르고 한입크기로 썬 양파를 먼저 볶다가 파프리카와 토마토를 순으로 넣고 볶는다.

7 조개육수를 부어 끓인 팬에 볶은 채소와 리조또용 볶음쌀, 냉이페스토, 파프리카파우더를 더해 끓이다 기호에 따라 소금과 후춧가루로 간한다.

8 약불에서 한 번 더 수분이 다 날아갈 때까지 볶아 완성한다.

사용 후 남은 페스토는 얼음 메이커에 담아 얼리면 신선한 상태로 보관할 수 있어요. 필요할 때 하나씩 빼서 사용해요.

라이스엔칠리다
Rice Enchilada

엔칠라다는 토르티야에 고기, 해산물, 볶음밥 등을 넣어 오븐이나 팬에 구워낸 멕시코 대표 길거리 음식입니다. 매콤한 맛을 부담되면 할라피뇨 대신 피클을 넣어 드세요.

Ingredient

rice
- 밥 1공기
- 다진 소고기 50g
- 콘옥수수 1큰술
- 그린피스 1큰술
- 올리브유 2큰술

sauce base
- 몬스위트 칠리소스 2큰술
- 사워크림 1큰술
- 슬라이스 치즈 2장

basic
- 토르티야 2장
- 다진 양파 5큰술
- 올리브유 2큰술
- 다진 할라피뇨 2큰술

recipe

1. 팬에 올리브유 2큰술을 두르고 다진 양파를 중불로 볶는다.
2. 다른 팬에 올리브유 2큰술을 두르고 센불에서 다진 고기를 볶다가 밥, 콘옥수수, 그린피스를 넣고 볶음밥을 만든다.
3. 토르티야에 볶은 양파와 볶음밥을 올려 말아 오븐용기에 담는다.
4. 윗면에 슬라이스 치즈를 얹고 칠리소스를 지그재그로 뿌려 200℃로 예열한 오븐에서 8분간 굽는다.
5. 접시에 담고 다진 할라피뇨와 사워크림을 곁들인다.

꽈리고추 문어빠에야
Chili Peppers Octopus Paella

쫄깃쫄깃한 맛의 문어를 넣은 빠에야입니다. 꽈리고추가 들어가 알싸한 맛이 일품이죠. 꽈리고추는 작은 것을 골라 통째로 넣어도 맛있어요.

Ingredient

rice
리조또용 볶음쌀 150g • P026 참고

sauce base
조개육수 300ml • P018 참고
커리가루 1큰술

basic
문어 삶기 냉동 문어 다리 1개
　　　　　월계수잎 1장
　　　　　통후추 10알
꽈리고추 5개
토마토 1/2개
파프리카 1/4개
조갯살 2큰술
다진 양파 10큰술
다진 마늘 2큰술
올리브유 3큰술
화이트와인 50ml
소금 약간
후춧가루 약간

recipe

1 냉동 문어 다리는 끓는 물에 월계수잎과 통후추와 함께 넣고 10분간 끓여 얇게 썬다.
　　TIP 문어를 삶기 전에 봉지로 감싸고 조리용 망치로 두들겨주면 더 부드럽게 즐길 수 있어요.

2 꽈리고추는 길게 썰고, 토마토와 파프리카는 잘게 썬다.

3 팬에 올리브유를 두르고 다진 양파와 다진 마늘을 볶아 향을 내고 조갯살과 토마토, 파프리카를 넣어 중불에서 재료가 모두 익을 때까지 볶는다.

4 화이트와인을 넣어 향을 입히고 조개육수와 커리가루, 리조또용 볶음쌀을 넣고 중불에서 한 번 더 끓인 후 기호에 따라 소금과 후춧가루로 간한다.

5 준비한 문어 다리와 꽈리고추를 넣어 약불에서 수분이 다 날아갈 때까지 볶아 완성한다.

SIDE DISH 01 ———————————————————— with 서양식 밥요리
절임 4종

버터와 치즈, 크림과 오일 베이스로 맛을 낸 서양식 밥요리를 먹다보면 칼칼한 뭔가가 땡기기 마련이죠. 입안에 시원함을 가득 안겨줄 피클과 절임을 준비해보세요. 상큼함이 요리의 맛까지 업시켜줍니다.

발사믹 방울토마토

오이피클

발사믹 방울토마토

Ingredient

방울토마토 20개, 양파 20g, 바질잎 3장
절임물 꿀 20g, 발사믹식초 50ml, 올리브유 100ml, 소금 1.5g, 후추 0.5g

recipe

1. 방울토마토에 십자모양 칼집을 내 끓는 물에서 15초간 데쳐 찬물에 담가 껍질을 벗긴다.
   TIP 방울토마토는 껍질을 벗겨 식초에 절여야 속까지 맛있게 절여지니 꼭 껍질을 벗겨 준비해요.
2. 양파와 바질잎은 곱게 다진다.
3. 꿀과 발사믹식초와 올리브유를 휘퍼로 잘 섞은 후 소금과 후춧가루를 넣는다.
4. 소독한 병에 방울토마토, 양파, 바질잎을 넣고 절임물을 부어 섞는다.
5. 3일간 냉장고에 두었다가 사용한다.

오이피클

Ingredient

오이 5개
피클물 피클링스파이스 10g, 설탕 160g, 소금 16g, 물 200ml, 식초 100ml

recipe

1. 오이는 돌려가며 어슷썬다.
2. 냄비에 오이와 식초를 제외한 모든 재료를 넣고 센불로 끓인다.
3. 끓기 시작하면 식초를 넣는다.
4. 다시 끓기 시작하면 불을 줄이고 피클링스파이스를 건져낸 후 완전히 식힌다.
5. 소독한 병에 준비한 오이를 넣고 피클물을 부어 하루 동안 냉장고에서 숙성시켜 사용한다.
   TIP 피클물이 식지 않은 상태에서 오이를 절이면 오이가 쭈글쭈글해질 수 있어요. 피클물은 오이의 절반만 담아도 절여지니 너무 많이 붓지 말아요.

중화풍 오이절임

Ingredient

오이 1개, 홍고추 1개

절임물 팔각 1개, 생강 10g, 굴소스 5g, 설탕 50g, 간장 20ml, 흑식초 50ml, 물 1/4컵

recipe

1 오이는 반 갈라 씨를 제거한 후 손가락 한마디 길이로 썬다.
2 홍고추도 씨를 제거해 같은 길이로 썰고, 생강은 얇게 편썬다.
3 냄비에 오이와 홍고추를 제외한 모든 재료를 넣고 센불에서 한소끔 끓여 한김 식힌다.
   TIP 팔각은 중국요리에 쓰이는 별모양의 향신료로 적은 양으로도 독특한 향을 내죠. 구하기 어렵다면 생략 가능합니다.
4 소독한 병에 준비한 오이와 홍고추를 넣고 식힌 절임물을 부어 냉장고에서 하루 숙성시켜 사용한다.

할라피뇨절임

Ingredient

통조림 할라피뇨 슬라이스 100g

절임물 설탕 25g, 맛술 25ml, 긴꼬만간장 25ml

recipe

1 할라피뇨 슬라이스를 통조림에서 꺼내 물기를 제거한다.
   TIP 캔에 들어 있는 할라피뇨 국물은 꼭 버리고 절여야 맛이 잘 배어들어요.
2 설탕과 맛술, 긴꼬만간장을 골고루 섞어 절임물을 만든다.
3 소독한 병에 물기를 제거한 할라피뇨를 담고 절임물을 부어 담가 하루 정도 냉장고에서 숙성시켜 사용한다.

SIDE DISH 02 ———————————————————— with 서양식 밥요리

샐러드 4종

서양식 밥요리에 샐러드 한 접시가 빠질 수 없죠! 한끼 식사로도 손색 없는 샐러드를 모았습니다. 태국 당면을 넣은 얌운센과 그린파파야 대신 아스파라거스로 맛낸 쏨땀도 기대해주세요! 모두 음식과 곁들였을 때 빛이 나는 샐러드예요.

아스파라거스쏨땀

콘콜슬로

아스파라거스쏨땀

Ingredient

아스파라거스 5줄기, 당근 1/8개, 방울토마토 4개, 건새우 5마리, 페페론치노 2개, 땅콩 10개

드레싱 피시소스 2큰술, 설탕 1큰술, 다진 마늘 1큰술, 레몬즙 1개분

recipe

1. 아스파라거스는 필러로 껍질을 벗기고 손가락 한마디 길이로 자른다.
2. 당근은 편썰고 방울토마토는 반 자른다.
3. 볼에 방울토마토와 건새우, 땅콩을 함께 넣고 살짝 찧는다.
4. 아스파라거스와 당근, 페페론치노, 피시소스와 드레싱 재료를 넣고 버무려 완성한다.

   TIP 아스파라거스의 껍질을 벗기면 금세 숨이 죽어요. 먹기 직전에 소스에 버무려요.

코울슬로

Ingredient

양배추 1/4개, 양파 1/2개, 파프리카 1/2개, 콘옥수수 5큰술

드레싱 마요네즈 5큰술, 식초 4큰술, 설탕 3큰술, 소금 1/2작은술, 후춧가루 약간

recipe

1. 양배추와 양파, 파프리카는 곱게 다진다.
2. 다진 채소에 콘옥수수와 마요네즈, 식초, 설탕, 소금, 후춧가루를 넣고 잘 섞는다.
3. 랩을 씌워 1시간 정도 냉장고에서 숙성시켰다가 사용한다.

   TIP 취향에 따라 고추를 잘게 썰어 넣어 알싸하게 만들어도 맛있어요.

얌운센

Ingredient
태국 당면 100g, 알새우 10마리, 셀러리 1/2줄기, 적양파 1/4개, 방울토마토 3개, 페페론치노 2개
드레싱 레몬즙 또는 라임즙 1개분,
설탕 1큰술, 피시소스 1큰술

recipe
1 셀러리와 적양파는 얇게 썰고, 방울토마토는 반으로 자른다.
2 당면은 끓는 물에 2분간 데쳐 찬물에 넣었다가 꺼내 물기를 제거한다.
    TIP 태국 당면은 물에 삶지 않고 찬물에 1시간 정도 불려 사용해도 되어요.
3 알새우도 끓는 물에 2분간 데친다.
4 볼에 당면과 알새우, 셀러리, 적양파, 방울토마토를 담고 페페론치노를 으깨서 넣는다.
5 레몬즙, 설탕, 피시소스와 섞어 완성한다.

오징어루꼴라샐러드

Ingredient
오징어 1/2마리, 루꼴라 100g, 썬드라이 토마토 3개, 적양파 20g, 그라노파다노치즈 10g
마리네이드 레몬 껍질 1/2개분, 타임 3줄기, 올리브유 2큰술
드레싱 바질잎 3장, 꿀 1큰술, 발사믹식초 50ml, 올리브유 100ml

recipe
1 오징어는 칼집내 먹기 좋게 썰어 마리네이드 재료와 섞어 3시간 숙성시킨다.
2 루꼴라는 찬물에 담그고 썬드라이 토마토는 반 자른다. 적양파와 치즈도 얇게 썬다.
3 분량의 재료를 섞어 드레싱을 만든다.
4 마리네이드한 오징어를 센불에서 노릇하게 볶는다.
5 루꼴라의 물기를 빼고 접시에 담고 볶은 오징어와 남은 재료 모두 얹고 드레싱을 뿌린다.

ASIAN SAUCE BASE

아시안 소스와 만난 리조또와 케이준라이스의 맛은 어떨까요? 이번 파트에서는 아시아로 건너온 서양식 밥요리와 서양에서 인기를 모으는 아시안 소스를 활용한 밥요리를 다룹니다. 그 중심에 한국에서 아시아로, 최근에는 미국에서까지 사랑받고 있는 간장 베이스 '소이소스'가 있습니다. 간장은 적은 양으로도 요리의 감칠맛과 단맛을 확 살리죠. 우리의 간장과 닮은 중국의 노두유, 일본의 타마리를 비롯해 굴소스, 쯔유 등 용도에 따라 다양하게 변형된 소스들도 많습니다.

한식에 간장이 있다면 동남아 요리에서는 피시소스가 빠지지 않죠. 냄새는 쿰쿰하지만 요리에 넣으면 마법 같은 맛을 내는 멋진 소스죠. 생선 액젓을 발효시켜 만든 맑은 소스로 우리의 까나리 액젓과도 닮아 있습니다. 적은 양으로도 맛이 많이 바뀔 수 있으니 정확한 양을 넣어 요리하세요.

시금치칠리라이스
Spinach Chilli Rice

시금치는 샐러드, 라자냐, 프리타타 등 서양요리에서도 즐기는 채소입니다. 나물로만 먹었던 시금치를 볶아 현미밥과 매콤한 칠리소스, 굴소스, 쯔유간장을 더해 색다른 볶음밥으로 즐겨보세요. 상큼한 라임 한 조각이 시금치칠리라이스의 매력을 더해줍니다. 시금치 볶는 과정에서 베트남고추 2~3개를 함께 볶으면 매콤하게 즐길 수 있어요.

Ingredient

rice
현미밥 1공기

sauce base
굴소스 1큰술
쯔유간장 1큰술
스리라차 칠리소스 1큰술
피시소스 1/2큰술

basic
시금치 20g
베이컨 2줄기
식용유 2큰술
달걀 1개
라임 조각 1개

1 시금치는 줄기를 제거하고 씻어 3~4cm 길이로 썬다.
2 베이컨은 먹기 좋은 크기로 자른다.
3 팬에 식용유를 두르고 중불에서 베이컨을 노릇하고 바삭하게 볶는다.

4 준비한 시금치를 베이컨볶음에 넣고 중불로 시금치가 한숨 죽을 만큼만 볶는다.

5   시금치베이컨볶음을 팬 한쪽으로 몰고 남은 공간에 달걀을 스크램블하듯 볶는다.

6   현미밥과 굴소스, 쯔유간장, 스리라차, 피시소스를 넣어 센불로 2분간 볶는다.

7   접시에 완성한 볶음밥을 올리고 라임 조각을 곁들인다.

TIP   쯔유간장은 간장에 맛술과 가츠오부시 등을 넣어 만든 간장으로 우동, 볶음, 조림요리에 사용합니다.

중국 광동식 소스인 굴소스, 맛술과 가츠오부시로 맛낸 일본의 쯔유간장, 태국식 칠리소스인 스리라차를 1:1:1 동량으로 넣고 피시소스로 감칠맛을 더했어요.

타이비빔밥
Thai Bibimbap

한국인이라면 누구나 쓱쓱싹싹 비벼 먹는 비빔밥이 태국에서도 사랑받고 있다는 사실! 이제 비빔밥을 먹으면 이국적인 맛이 떠오를 거에요. 기호에 따라 고수를 더해도 좋습니다.

Ingredient

rice
밥 1공기
견과류 가루 1큰술

sauce base
몬스위트 칠리소스 2큰술
피시소스 1/2큰술
굴소스 1/2큰술

basic
다진 돼지고기 100g'
숙주 1/2줌(50g)
상추 2장
치커리 2장
식용유 2큰술
레몬 1/2개

recipe

1. 숙주와 상추, 치커리를 먹기 좋은 크기로 썬다.
2. 팬에 식용유를 두르고 센불로 다진 돼지고기를 노릇하게 볶는다.
3. 분량의 칠리소스와 피시소스, 굴소스를 섞어 소스를 만든다.
4. 밥 위에 견과류 가루를 뿌리고 접시에 준비한 재료를 돌려가며 담는다.
5. 먹기 전에 레몬을 짜서 함께 즐긴다.

중화풍 왕새우리조또
Chinese-style Shrimp Risotto

중국요리에 즐겨 사용하는 굴소스와 두반장에 커리가루로 풍미를 살린 요리예요. 센불에 볶아 요리하면 더욱 맛있어집니다. 두반장이 없을 때는 고추장을 활용해도 좋아요.

Ingredient

rice
리조또용 볶음쌀 150g • P026 참고

sauce base
채수 200ml • P022 참고
굴소스 1큰술
두반장 1큰술
커리가루 1/2큰술
설탕 1/2큰술

basic
대하 3~4마리
다진 돼지고기 50g
쪽파 2줄기
고추기름 2큰술
올리브유 2큰술

recipe

1 대하는 머리와 꼬리를 두고 껍질을 벗기고, 쪽파는 곱게 썬다.

2 팬에 고추기름과 올리브유를 두르고 센불로 대하와 다진 돼지고기, 쪽파 1/2분량을 넣고 볶는다.

3 채수, 굴소스, 두반장, 커리가루, 설탕을 한 번에 모두 넣고 중불에서 한소끔 끓인다.

4 리조또용 볶음쌀을 넣고 중불에서 쌀이 촉촉해질 때까지 익혀 완성한다.

5 접시에 리조또를 담고 남은 쪽파를 뿌려 마무리한다. 대하가 위로 올라오게 플레이팅한다.

몽골리안 비프라이스
Mongolian Beef and Rice

미국식 중식인 '아메리칸 차이니즈'라는 장르가 있을 만큼 미국에선 예전부터 중국요리가 유행이었죠. 그중 가장 인기있는 메뉴가 몽골리안 비프입니다. 미국인이 사랑한 중국요리, 한번 만들어볼까요?

Ingredient

rice
현미밥 1공기

sauce base
간장 1큰술
설탕 1큰술
굴소스 1/2큰술
오향분 약간
물 1큰술

basic
소고기 튀김 소고기 채끝 150g
전분 1큰술
식용유 500ml

대파 1줄기
다진 마늘 4큰술
간생강 1큰술
식용유 2큰술
참기름 1/2큰술

recipe

1 채끝은 한입크기로 썰고, 대파는 손가락 한마디 길이로 썬다.
   TIP 튀김용 고기는 포를 뜨듯 얇게 썰어야 맛있어요. 얇게 포를 떠서 튀기면 소스가 더 잘 스며들어 맛이 좋아져요.

2 분량의 간장, 설탕, 굴소스, 오향분, 물을 섞어 소스를 만든다.

3 채끝에 전분을 묻혀 180℃로 예열한 식용유에 노릇하게 튀긴다.

4 팬에 식용유를 두르고 다진 마늘과 간생강을 약불로 볶는다.

5 향이 나면 준비한 소스와 소고기 튀김을 넣고 센불로 한소끔 끓이다가 불을 끈다.

6 대파와 참기름을 넣고 완성해 밥과 곁들인다.

흑설탕 닭볶음덮밥
Brown Sugar Stir-fried Chicken with Rice

흑설탕과 까나리액젓으로 색다른 감칠맛을 낸 닭볶음탕입니다. 빨간 닭볶음탕이 지겹다면 이국적인 동남아풍 닭볶음탕에 도전해보세요. 베트남고추로 매운맛도 추가했어요.

Ingredient

rice
밥 1공기

sauce base
흑설탕 1과 1/2큰술
까나리액젓 1큰술
식초 1큰술
물 1큰술

basic
닭다리살 1개(120g)
밑간 흑설탕 1과 1/2큰술
　　　까나리액젓 1큰술
미니양배추 2개
양파 1/4개
베트남고추 5개
다진 마늘 1큰술
간생강 1큰술
식용유 4큰술

recipe

1 닭다리살은 먹기 좋게 한입크기로 썰어 흑설탕과 까나리액젓에 30분간 재운다.

2 미니양배추는 반 자르고 양파는 얇게 썰어 팬에 식용유 2큰술을 둘러 노릇하게 굽는다.

3 냄비에 흑설탕, 까나리액젓, 식초, 물을 모두 넣고 중불로 가볍게 끓여 소스를 준비한다.

4 다른 팬에 식용유 2큰술을 두르고 다진 마늘, 간생강을 약불에 볶다가 양파, 베트남고추를 넣고 볶는다.

5 센불로 올려 밑간한 닭다리살을 넣고 볶다가 고기가 익으면 끓여둔 소스를 부어 1분간 졸인다.

6 접시에 밥과 흑설탕닭볶음을 반반 담는다. 구운 미니양배추잎을 한 장씩 떼어 장식한다.

태국식 돼지고기덮밥
Thai-style Pork with Rice

청양고추와 고춧가루가 들어간 덮밥입니다. 매운맛을 즐기지 않는다면 부담스러울 수 있죠. 걱정마세요! 피시소스와 파인애플이 매운맛을 낮추고 달콤함을 더해줍니다. 고추기름에 다진 마늘과 생강을 볶아 이국적인 향과 맛을 살려줘요. 돼지고기의 잡내 걱정도 없답니다.

Ingredient

	rice	밥 1공기
	sauce base	피시소스 2큰술
		고춧가루 1큰술
		설탕 1/2큰술
	basic	다진 돼지고기 100g
		청양고추 3개
		양파 1/2개
		통조림 파인애플 슬라이스 1개
		다진 생강 1큰술
		다진 마늘 1큰술
		고추기름 1큰술
		식용유 2큰술
		고수 약간

176

1 청양고추는 얇게 송송 썰고, 양파와 파인애플은 잘게 썬다.
2 팬에 분량의 고추기름과 식용유를 두르고 약불에서 다진 생강과 다진 마늘을 볶아 향을 낸다.
   TIP 고추기름만 넣게 되면 기름이 쉽게 탈 수 있어요. 식용유와 섞어 볶아야 맛있는 매콤 요리를 완성할 수 있어요.
3 센불로 올려 다진 돼지고기를 넣고 뭉치지 않게 풀면서 볶는다.
4 고기가 어느 정도 익으면 피시소스, 고춧가루, 설탕을 넣고 청양고추와 양파, 파인애플을 모두 넣어 센불로 볶아 완성한다.
5 접시에 밥을 담고 완성한 태국식 돼지고기볶음을 올린 후 취향에 따라 고수를 곁들여요.

연어데리야끼덮밥
Salmon Teriyaki with Rice

언제나 맛있는 데리야끼소스! 한번 만들어두면 볶음이나 조림에 사용할 수 있죠. 연어덮밥, 장어덮밥은 물론 닭고기와도 어울리는 소스에요.

Ingredient

rice
밥 1공기

sauce base
간장 1큰술
굴소스 1큰술
맛술 1큰술
설탕 1큰술
물 200ml

basic
연어 100g
양파 1/3개
상추 1장
올리브유 2큰술
전분 1/2큰술

recipe

1 양파는 얇게 썰어 물에 담가 매운맛을 빼고, 상추도 같은 두께로 얇게 채썬다.

2 팬에 올리브유를 두르고 팬이 달궈지면 중불로 줄여 연어를 앞뒤로 굽는다.
   TIP 연어는 겉은 바삭, 속은 촉촉하게 굽다가 마지막에 버터를 넣으면 향이 더해져 맛있어요.

3 다른 팬에 간장, 굴소스, 맛술, 설탕, 물을 섞어 중불에서 소스가 절반 정도 줄 때까지 끓여 데리야끼소스를 만든다.

4 구운 연어를 넣고 소스가 잘 배도록 1분가량 살짝 끓인 후, 전분을 물 2큰술에 풀어 넣어 농도를 맞추고 불을 끈다.

5 접시에 밥과 연어데리야끼조림, 양파, 상추를 곁들여 완성한다. 허브나 식용꽃으로 장식해도 좋다.

케이준 새우라이스
K.J. Shrimp and Rice

케이준 스파이스는 파프리카, 후추, 마늘, 양파, 칠리 등을 섞은 양념입니다. 치킨요리와 감자요리는 물론 각종 볶음밥에 잘 어울리죠. 두반장과 굴소스를 추가하면 동서양이 만난 이색적인 볶음밥이 완성됩니다.

Ingredient

rice
밥 1공기

sauce base
케이준 스파이스 1/2큰술
두반장 1큰술
굴소스 1/2큰술

basic
알새우 10마리
달걀 1개
당근 10g
호박 10g
양파 10g
대파 5cm
다진 마늘 1/2큰술
식용유 3큰술

recipe

1. 당근과 호박, 양파, 대파는 곱게 다진다.
2. 팬에 식용유를 두르고 다진 마늘과 다진 채소를 모두 넣고 센불로 볶는다.
3. 채소가 익으면 알새우와 달걀을 넣어 센불에서 스크램블하듯 볶는다.
4. 케이준 스파이스와 두반장, 굴소스, 밥을 모두 넣고 센불에서 2분간 볶아가며 섞는다.

TIP 밥은 센불에서 밥알을 흩어트리며 계속 볶아야 식감이 좋아요.

바질닭가슴살덮밥
Basil Chicken Breast Over Rice

바질은 유럽에서 요리에 흔하게 쓰는 허브죠. 바질을 간장과 함께 볶으면 전혀 다른 느낌이 듭니다. 바질의 다양한 매력을 음미해보세요. 사용하고 남은 바질은 올리브유에 담가 보관하세요. 올리브유에 바질향이 배어 1석2조의 효과를 낼 수 있어요.

Ingredient

rice	밥 1공기
sauce base	굴소스 1큰술
	간장 1큰술
	설탕 1큰술
	맛술 1큰술
	물 100ml
basic	닭가슴살 1개(100g)
	바질 10장
	베트남고추 2개
	다진 마늘 1큰술
	달걀 1개
	식용유 4큰술

1 닭가슴살은 먹기 좋게 한입크기로 썬다.
2 팬에 식용유 3큰술을 둘러 다진 마늘을 약불로 볶아 향을 낸다.
3 준비한 닭가슴살과 바질, 베트남고추를 넣고 센불로 볶는다.
4 닭가슴살이 노릇해지면 굴소스, 간장, 설탕, 맛술, 물을 부어 센불에서 2분간 소스가 자작해지도록 끓인다.
5 팬에 식용유 1큰술을 두르고 달걀을 튀기듯 프라이해 밥과 바질 닭가슴살볶음과 함께 곁들인다.

TIP 태국식 볶음밥용 달걀프라이는 기름을 넉넉히 두르고 튀기듯 써니사이드 업으로 만들어요. 노른자는 반숙으로 익혀 소스와 섞어 먹습니다.

꽃게두릅라이스
Fried Crab Fatsia Shoots with Rice

밥 위에 꽃게가 올라가 시각적으로도 맛있는 요리에요. 튀긴 꽃게를 소스에 버무려 달콤, 상큼, 짭조름한 맛이 더 살죠. 튀김용 꽃게는 냉동 절단꽃게를 활용하세요. 치킨과도 잘 어울리는 소스에요.

Ingredient

rice
밥 1공기

sauce base
간장 1큰술
식초 1큰술
굴소스 1/2큰술
설탕 1큰술
물 2큰술
레몬 1/2개

basic
꽃게 튀김   냉동 절단꽃게 8조각
　　　　　　튀김가루 3큰술
　　　　　　물 50ml
　　　　　　식용류 500ml

두릅 3줄기
피망 1/4개
다진 대파 4큰술
다진 마늘 2큰술
식용유 2큰술
전분 1/2큰술

recipe

1 두릅은 잎부분과 줄기부분으로 나눠 줄기는 다시 반 자른다.

2 피망은 잘게 썰고 레몬은 슬라이스한다.

3 튀김가루를 물에 되직하게 풀어 꽃게에 튀김옷을 입혀 180℃로 예열한 식용유에 노릇하게 튀긴다.

4 팬에 식용유를 두르고 다진 대파와 다진 마늘, 잘게 썬 피망, 두릅 줄기를 넣고 중불에서 볶는다.

5 간장과 식초, 굴소스, 설탕, 물, 레몬을 넣고 중불에서 1분간 끓이다 전분을 물 2큰술에 풀어 농도를 내고 불을 끈다.

6 접시에 밥을 담고 꽃게 튀김과 소스, 두릅잎을 곁들여 완성한다. 튀김에 소스를 버무려 밥 위에 올려도 되고, 소스를 튀김 위에 부어도 좋다.

레몬생강 생선튀김라이스
Lemon Fish Fried Rice

먹을수록 맛있는 소스를 곁들인 생선튀김 덮밥이에요. 생강과 레몬이 튀긴 생선의 느끼함을 없애주죠. 광어나 도미 활어는 물론 마트에서 판매하는 냉동 흰살생선으로 만들어요.

Ingredient

rice
밥 1공기

sauce base
피시소스 2큰술
간장 1큰술
굴소스 1큰술
설탕 1/2큰술
물 100ml

basic
생선 튀김   흰살생선 100g
　　　　　 튀김가루 100g
　　　　　 물 50ml
　　　　　 식용유 500ml
레몬 1/2개
라임 1/2개
생강 3톨
베트남고추 5개
다진 마늘 2큰술
식용유 2큰술
전분 1/2큰술

recipe

1. 흰살생선은 한입크기로 썰어 튀김가루와 물을 섞은 튀김옷을 입혀 180℃로 예열한 식용유에 튀긴다.
   TIP 180℃는 빵가루를 넣었을 때 바닥에 내려갔다가 가볍에 올라오는 정도의 온도예요.

2. 레몬은 껍질을 벗겨 과육은 즙을 내고 껍질은 얇게 채썬다. 생강도 얇게 편썬다.

3. 팬에 식용유를 두르고 편썬 생강, 베트남고추, 다진 마늘을 넣어 약불에서 볶아 향을 낸다.

4. 피시소스와 간장, 굴소스, 설탕, 물을 함께 넣고 중불에서 한소끔 끓인다.

5. 전분을 물 2큰술에 풀어 넣어 소스의 농도를 내고 불을 끈 후 튀긴 생선과 채썬 레몬 껍질, 레몬즙을 더해 가볍게 버무려 밥과 곁들인다.

6. 라임을 반달모양으로 얇게 슬라이스해 장식처럼 올린다.

마늘쫑 돼지고기덮밥
Garlic Scape & Pork Over Rice

대만 여행길에 한국인들이 즐겨찾는 요리입니다. 마늘쫑과 고추의 매운맛은 달걀볶음밥과 곁들여 맛있게 즐길 수 있답니다. 맵기 정도는 고추의 양으로 조절해요. 라면사리나 쌀국수 면과 버무려도 맛있는데, 이때는 볶음의 양을 넉넉하게 만들어야 해요.

Ingredient

rice
- 밥 1공기
- 달걀 1개
- 다진 마늘 1/2큰술
- 식용유 3큰술

sauce base
- 굴소스 1큰술
- 설탕 1/2큰술
- 물 200ml

basic
- 마늘쫑 2줄기
- 다진 돼지고기 3큰술
- 다진 생강 1/2큰술
- 대파 흰부분 5~7cm
- 베트남고추 5개 또는 홍고추 1개
- 식용유 2큰술

1 마늘쫑은 1cm 길이로 썰고, 대파도 송송 썬다.
2 팬에 식용유 2큰술을 두르고 마늘쫑과 대파를 센불로 볶는다.
   TIP 마늘쫑은 충분히 노릇하게 볶아야 풋내가 나지 않아요.

3 다진 돼지고기와 다진 생강을 넣고 볶다가 베트남고추를 넣어 중불로 바싹 볶는다.

4 굴소스와 설탕, 물을 넣고 2분간 중불로 끓여 볶음이 자작해지게 졸인다.
5 다른 팬에 식용유 3큰술을 두르고 약불에서 다진 마늘을 볶아 향을 낸다.
6 마늘향이 나면 달걀을 넣고 스크램블하듯 볶다가 밥을 넣고 센불로 올려 볶는다.
7 접시에 만들어둔 마늘쫑 돼지고기볶음과 달걀볶음밥을 담아 완성한다.

드라이한 달걀볶음밥은 센불에서 볶아야 해요.
달걀을 스크램블해 수분을 없앤 후,
밥을 넣고 센불에서 빠르게 볶아주세요.

오이라이스
Cucumber and Fried Rice

오이를 싫어한다고요? 이 요리를 맛보면 생각이 달라질 거예요. 볶음밥 사이에서 아삭아삭 씹히는 오이가 얼마나 맛있는지 알 수 있답니다. 녹찻물로 지은 밥에 양념된 오이 소스를 비벼 먹어도 맛있습니다.

Ingredient

rice
녹차밥 1공기
알새우 10개
달걀 1개
대파 흰부분 4cm
식용유 2큰술

sauce base
굴소스 1큰술
간장 1/2큰술
설탕 1/2큰술

basic
오이 1/2개
다진 마늘 2큰술
베트남 고추 5개
고추기름 1/2큰술
식용유 2큰술
참기름 1/2큰술
소금 약간

recipe

1 오이는 얇게 슬라이스해 소금을 약간 뿌려 30분간 절여 수분기를 제거한 후 물로 씻어낸다.
   TIP 소금으로 오이의 수분기를 제거하지 않으면 맛이 떨어질 수 있어요.
2 대파를 얇게 썰어 식용유 2큰술을 두른 팬에 센불로 볶아 향을 낸다.
3 알새우, 달걀, 밥을 넣고 센불에서 2분간 볶는다.
4 다른 팬에 식용유 2큰술과 고추기름을 두르고 다진 마늘과 베트남고추를 넣어 약불로 볶는다.
5 오이와 굴소스, 간장, 설탕을 넣어 센불로 1분간 볶다가 참기름을 넣고 마무리해 볶음밥 위에 올린다. 취향에 따라 고수를 추가해도 좋다.

비프숙주라이스

Beef and Green Bean Sprouts Fried Rice

담백한 소고기와 아삭한 식감의 숙주로 간단하게 만드는 볶음밥입니다. 값싼 우둔살을 이용하여 만들 수 있는 최고의 요리죠. 숙주의 아삭한 식감을 유지하는 게 포인트예요.

Ingredient

rice
밥 1공기

sauce base
굴소스 1큰술
쯔유간장 1/2큰술

basic
우둔살 50g
숙주 1/3줌(30g)
달걀 1개
양파 20g
당근 10g
호박 10g
다진 대파 1큰술
다진 마늘 1/2큰술
식용유 3큰술

recipe

1. 우둔살은 한입크기로 썰고 양파와 당근, 호박은 곱게 다진다.
2. 팬에 식용유를 두르고 중불에서 다진 대파와 다진 마늘, 나머지 다진 채소를 넣고 볶는다.
3. 채소가 모두 익으면 달걀을 넣고 중불로 스크램블하듯 볶는다.
4. 밥과 굴소스, 쯔유간장, 우둔살을 넣고 센불로 볶아 밥이 고슬고슬해지면 숙주를 넣어 살짝 더 볶아 완성한다.

   TIP 숙주가 너무 숨이 죽지 않게 가볍게 볶아주세요.

CURRY SAUCE BASE

노란빛의 거부할 수 없는 유혹, 커리! 주말이면 한솥 가득 커리를 만들어 온가족이 둘러앉아 밥 한 그릇 뚝딱 비웠던 기억이 있습니다. 인도의 향신료에서 시작해 일본, 유럽, 미국을 넘어 월드푸드로 자리잡은지 오래죠. 요즘은 동네마트만 가도 고형부터 파우더 타입까지 다양한 종류의 커리가 있습니다.

애초 커리는 16~17세기 인도 남부에 진출한 포르투칼인들이 향신료 마살라(Masala)를 '까리 뽀디(Kari Podi)'라고 부른데서 유래됩니다. 이후 영국이 인도 땅을 지배하면서 자신들의 입맛에 맞춰 기본 향신료에 채소와 토마토, 고기를 넣고 끓여 먹던 국물요리를 '커리'라고 부르기 시작했죠. 즉, 커리는 조리법이기도 합니다. 이 커리가 일본으로 건너가 일본식 발음인 '카레'로 불리면서 조리법까지 조금 바뀌었는데, 그 중심에 밥이 있습니다. 주식인 쌀과 함께 먹을 수 있도록 커리파우더에 밀가루와 버터를 볶은 루를 섞어 더욱 걸쭉해졌죠. 동서양의 문화가 혼재된 셈입니다.

자, 그럼 커리파우더로 다양하고 맛있는 밥요리를 만들어봅니다. 책에서는 오뚜기 커리가루를 사용했습니다. 고형타입이라면 가루를 내어 넣어도 좋습니다.

게맛살푸팟퐁커리

Crab Sticks Pu Phat Phongcurry

태국의 대표 커리입니다. 푸팟퐁커리라는 메뉴명 속에 요리 설명이 모두 들어 있는데, 한 글자씩 풀어보면 '게를 커리가루에 볶다'라는 뜻이죠. 껍질째 먹을 수 있는 소프트쉘 크랩을 노릇하게 튀겨 소스와 버무려냅니다. 이번에는 게 튀김 대신 맛살로 간단히 만들었어요. 조리법이 줄었다고 맛을 의심하지는 마세요! 간단히 만들어도 변함없이 맛있는 게맛살푸팟퐁커리입니다.

Ingredient

rice	밥 1공기
sauce base	커리가루 1큰술
	굴소스 1/2큰술
	설탕 1큰술
	코코넛밀크 150ml
	물 100ml
basic	맛살 2줄 또는 동량의 크래미
	셀러리 1/2줄기
	양파 1/4개
	방울토마토 4개
	달걀 1개
	다진 마늘 1/2큰술
	고추기름 5큰술
	식용유 3큰술

1	2	6
3	4	
	5	

TIP 푸팟퐁커리에 달걀을 넣으면 맛은 물론 커리의 농도도 잡아줍니다.

1. 셀러리와 양파는 먹기 좋게 썰고 방울토마토는 반 자른다. 맛살은 결대로 찢는다.
2. 팬에 고추기름과 식용유를 두르고 셀러리, 양파, 다진 마늘을 넣고 중불로 볶는다.
3. 맛살을 넣고 센불로 올려 한 번 더 가볍게 볶는다.
    TIP 맛살은 한번 튀겨 소스에 곁들이면 맛이 더욱 풍부해져요. 맛살 대신 작은 게를 튀겨 넣으면 오리지널 푸팟퐁커리를 맛볼 수 있죠.
4. 커리가루와 굴소스, 설탕, 코코넛밀크, 물을 모두 넣고 섞는다.
5. 방울토마토를 넣고 센불에서 1분간 끓인다.
6. 약불로 줄인 후 달걀을 넣고 가볍게 섞어 달걀이 익으면 밥과 함께 담아낸다.

베트남 우삼겹커리
Vietnamese Beef Loin Curry

우삼겹과 커리가 들어간 이색 커리요리입니다. 이국적인 느낌과 익숙한 느낌이 공존하는 맛이죠. 너무 낯설게 느껴진다면 고수와 피시소스를 생략하세요. 쉽고 빠르게 만드는 메뉴에요.

Ingredient

rice
옐로 밥 1공기

sauce base
커리가루 2큰술
피시소스 2큰술
맛술 1큰술
물 100ml

basic
우삼겹 100g
방울토마토 5개
양파 1/2개
다진 마늘 1큰술
참기름 1큰술
식용유 3큰술
고수 3줄기

recipe

1 방울토마토는 반 자르고, 양파는 먹기 좋게 썬다.
2 팬에 참기름과 식용유를 두르고 양파와 다진 마늘을 볶아 향을 낸다.
3 양파 색이 투명해지면 우삼겹을 넣고 중불로 볶다가 커리가루, 피시소스, 맛술을 넣고 볶는다
4 방울토마토를 넣고 중불로 한 번 더 볶아주고 분량의 물을 붓고 살짝 농도가 생길 때까지 끓인다.
5 접시에 밥을 길쭉한 모양으로 담고 양쪽에 커리를 담는다.
6 고수는 잎만 따서 커리 위에 올려 먹는다.

탄두리 치킨라이스
Tandoori Chicken and Rice

인도 음식점에 가면 항상 즐겨 먹는 치킨이죠. '탄두르'라는 전통적인 진흙 오븐에서 구워내 이름 붙여졌습니다. 향신료와 요거트의 조합이 기가 막히죠. 소스를 발라 충분히 숙성시킨 후 굽는 게 포인트입니다.

Ingredient

rice
밥 1공기

sauce base 탄두리소스
가람마살라 1큰술
플레인요거트 100g
칠리파우더 또는 고운 고춧가루 1큰술
소금 1/2큰술

basic
닭다리살 1개(120g)
밑간 다진 마늘 1큰술
　　　 다진 생강 1/2큰술
오이고추 1/2개
베트남고추 3개

recipe

1 닭다리살은 한입크기로 썰어 다진 마늘과 다진 생강으로 버무린다.

2 가람마살라와 플레인요거트, 칠리파우더, 소금을 섞은 소스를 준비한다.
   TIP 가람마살라 대신 커리가루나 탄두리가루로 대체 가능해요.

3 밑간한 닭다리살에 소스를 발라 냉장고에서 2시간 정도 숙성시킨다.

4 숙성된 닭다리살을 오븐용기에 담아 230℃로 예열한 오븐에서 30분간 굽는다. 구운지 15분이 지나면 한 번 뒤집는다.

5 접시에 밥과 함께 담고 오이고추를 슬라이스해 베트남고추와 장식처럼 곁들인다.

코코넛해산물커리
Coconut Seafood Curry with Rice

해산물이 듬뿍 들어간 커리입니다. 달콤한 코코넛밀크의 향이 커리와 어우러져 환상의 맛을 만들어내죠. 코코넛밀크는 야자과의 코코아나무 열매인 코코넛 과육에서 얻는 유백색의 즙입니다. 조금만 넣어도 요리의 풍미를 확 바꿔놓죠. 요즘은 마트나 인터넷에서도 캔으로 되어 있는 제품을 손쉽게 구할 수 있어요.

Ingredient

rice	밥 1공기
sauce base	커리가루 3큰술
	코코넛밀크 40ml
	생크림 200ml
	물 400ml
basic	오징어 1/4마리
	알새우 10마리
	양파 1/4개
	대파 흰부분 15cm
	쪽파 1줄기
	식용유 2큰술

TIP 토르티야 또는 난을 곁들이면 더욱 맛있게 즐길 수 있어요.

1 양파와 대파는 먹기 좋게 썰고, 쪽파는 1~2cm 길이로 썬다.

2 오징어는 껍질을 벗겨 몸통 모양을 살려 한입크기로 썬다.

3 팬에 식용유를 두르고 양파와 대파를 넣고 중불에서 볶는다.

4 향이 나면 오징어와 알새우를 넣고 중불에서 해산물이 익을 때까지 볶는다.

5 해산물이 익으면 커리가루, 코코넛밀크, 생크림, 물을 넣고 중불로 저어가며 소스의 농도가 날 때까지 2~3분 끓인다.

6 커리와 밥을 접시에 담고 쪽파를 뿌려 완성한다.

닭꼬치 BBQ라이스
Chicken Skewers BBQ with Rice

노릇하게 구운 커리향의 꼬치에 페페론치노를 뿌려 맛이 기막힙니다. 흰 쌀밥과 잘 어울리죠. 캠핑장 먹을거리로 강추해요. 캠핑장에서 불을 피워 구워보세요. 캠핑의 즐거움이 배가될 거예요.

Ingredient

rice
밥 1공기

sauce base 닭꼬치소스
커리가루 2큰술
굴소스 1큰술
설탕 1큰술
올리브유 2큰술
코코넛밀크 100ml

basic
닭다리살 2개(240g)
올리브유 2큰술
페페론치노 3개
후춧가루 약간
잎채소 약간

recipe

1 닭다리살은 한입크기로 썰어 꼬치에 꽂는다.
2 커리가루와 굴소스, 설탕, 올리브유, 코코넛밀크를 섞어 소스를 만든다.
3 꼬치에 꽂은 닭다리살에 소스를 바르고 냉장고에서 1시간 정도 숙성시킨다.
4 팬에 올리브유를 두르고 약불에서 꼬치를 노릇하게 굽는다.
5 페퍼론치노와 후춧가루를 뿌려 밥 위에 올리고 다양한 잎채소를 곁들인다.
  TIP 매운맛이 싫다면 이 과정에서 페페론치노를 생략해요.

소고기레드커리
Beef Red Curry

기존에 우리가 먹었던 커리보다 더 되직하고 진한 맛이 느껴지는 커리예요. 땅콩잼이 들어가 입에 더욱 착착 감기는 맛이 일품이죠. 오늘은 레드커리페이스트로 맛을 냈어요.

Ingredient

rice
밥 1공기

sauce base
레드커리페이스트 1큰술
피시소스 1큰술
땅콩잼 1큰술
설탕 1큰술
코코넛밀크 200ml
물 200ml

basic
소고기 150g
고추 1개
월계수잎 1장
그린피스 2큰술
올리브유 2큰술

recipe

1 소고기는 한입크기로 썰고 고추도 얇게 썬다.

2 팬에 올리브유를 둘러 중불로 레드커리페이스트를 볶다가 소고기도 넣고 볶는다.

3 고기가 익으면 피시소스, 땅콩잼, 설탕, 코코넛밀크, 물을 넣고 푼다.

4 월계수잎과 그린피스까지 마저 넣고 약불에서 되직한 농도가 나도록 끓여 완성한다.

5 접시에 레드커리와 밥을 담아낸다.

TIP 레드커리페이스트는 독특한 풍미의 양념이에요. 색다른 커리가 먹고 싶을 때 권해요. 고추장으로 대체 가능합니다.

시금치커리라이스
Spinach Curry and Rice

한 그릇 먹으면 뽀빠이처럼 힘이 날 것 같은 시금치커리. 푸른 녹색의 색만큼 맛도 특별하지요. 그리스와 유럽 등지에서 즐겨 먹는 페타치즈의 톡 쏘는 맛이 커리와 어울려요.

Ingredient

rice
흑미밥 1공기

sauce base
커리가루 2큰술

시금치고추페이스트
시금치 2줌
고추 1개
물 200ml
올리브유 2큰술

basic
페타치즈 50g
양파 1/2개
방울토마토 3개
다진 마늘 1큰술
다진 생강 1큰술
올리브유 2큰술

recipe

1. 시금치는 듬성듬성 썰고, 고추는 얇게 썬다.
2. 양파와 방울토마토는 먹기 좋게 썬다.
3. 팬에 올리브유 2큰술을 두르고 중불에서 시금치와 고추를 볶다가 분량의 물을 붓고 시금치가 완전히 숨이 죽을 때까지 2분 정도 끓인다. 한김 식으면 블렌더에 갈아 시금치고추페이스트를 만든다.
4. 다른 팬에 올리브유 2큰술을 두르고 다진 마늘과 다진 생강을 넣고 약불에서 향을 낸 후, 중불로 올려 양파와 방울토마토 순으로 넣어 볶는다.
5. 채소가 익으면 커리가루와 갈아놓은 시금치고추페이스트를 넣고 중불로 끓인다.
6. 한소끔 끓으면 페타치즈를 넣어 완성해 접시에 밥과 곁들인다.

   TIP 페타치즈를 토마토, 올리브, 엑스트라버진 올리브유와 섞으면 맛있는 샐러드가 됩니다.

서양식 밥요리

2023년 6월 12일 1쇄 발행

요리	이재훈 셰프
사진	박영하 (여름夏 스튜디오)
푸드스타일링	김지현
기획/편집	문영애
디자인	김아름 @piknic_a
인쇄/출력	도담프린팅

펴낸곳	수작걸다
주소	경기 용인시 수지구 동천로64
이메일	suzakbook@naver.com
인스타그램	@suzakbook

ISBN 978-89-699-3043-9 13590

- 이 책은 저작권법에 따라 보호받는 저작물이므로 무단 전재와 무단 복제를 금지하며,
  이 책 내용의 전부 또는 일부를 이용하려면 반드시 저작권자와 수작걸다의 서면 동의를 받아야 합니다.
- 제본에 이상이 있는 책은 바꾸어 드립니다.